하우 투 딴짓

욕심은 많지만 용기는 부족한 사람들을 위한 성장법

006
하우 투 딴짓

sauce
as a
source

내 일에 필요한
소스를 전합니다

조 재 형 지음

북스톤

없는 시간 쪼개서 나답게 살기

시키는 대로만 살았더니 죽을 것만 같다.

열심히 일하고 있는데 왜 나아지지 않지? 시키는 대로, 열심히, 노력하고 있지만 문득 고귀한 내 존재가 한낱 부품 같다는 생각이 드는 날이 있다. 어느 날 아침은 출근하려고 지하철을 탔는데 그대로 퇴근하고 싶어진다. 분명 성과를 낸 것 같은데 보상은커녕 작은 칭찬조차 못 들은 날이면 '무슨 부귀영화를 누리겠다고' 이렇게 일하고 있나 싶다.

코로나 팬데믹 이후 더 많은 직장인이 번아웃을 느끼는 것 같다. 아, 정정한다. '더 많이'가 아니라 '더 자주'다. 포털 사이트에 '직장인 번아웃'을 검색하면 적게는 60%에서 많게는 90%까지

'번아웃 증후군을 경험했다'는 기사를 흔하게 찾을 수 있다. 이 못된 감염병은 안 그래도 우리를 힘들게 하는 번아웃에 기름을 들이부었다. 전문가들이 아무리 빨라도 수십 년은 더 걸릴 거라 예상한 비대면 사회가 거짓말처럼 현실에 도래했고, 사람들은 '회사'라는 공간을 떠나 일하기 시작했다. 환경 변화에 맞춘 세계적인 실험이었다.

재택근무는 긍정적인 효과와 함께 직장인에게 새로운 고민을 안겼다. 퇴근 시간 이후에도 멈추지 않는 메신저, 급하게 잡히는 비대면 회의의 증가 같은 것들 말이다. 그 와중에 트렌드는 여전히 쫓아가기도 버겁게 느껴질 만큼 빠르게 변화한다. 마이크로소프트가 자사의 협업 솔루션 '팀즈' 데이터를 분석한 결과 2021년 2월 원격회의 시간은 전년 같은 기간 대비 2.5배나 늘었다고 한다. 많은 이들이 과로에 시달리고 있다. 일부는 조금 더 유연한 근무환경을 찾기 위해 퇴사를 고민하고 있다.

변화는 더 이상 '소용돌이'가 아니다. 이제는 '폭풍'이라 해도 지나치지 않다. 어떻게 하면 꺾이지 않고 버텨낼 수 있을까? 그리고 어떻게 해야 행복해지고, 멋진 삶을 영위할 수 있을까? 맞다. 이건 현생을 살아가는 내 이야기이자 고민이다.

다시 나다움을 생각하다

(운명적일지 모르겠지만) 변화의 폭풍 속에서 이 사람이 떠오른다. 신대륙을 발견한 크리스토퍼 콜럼버스다. 대탐험가 콜럼버스의 발견은 인류가 세상을 인식하는 지평을 넓혔다. 비록 죽을 때까지 자신의 발견이 '인도'인 줄 알았다는 건 함정이지만, 인류가 탐색할 무대를 넓혔다는 점에서 의미가 있다.

조직의 시대에서 개인의 시대로 패러다임이 바뀌고 있는 오늘날, 새로운 콜럼버스들이 등장하고 있다. 이들은 자신만의 탐험선을 띄우고, 닻을 올리고 돛을 펼치며 각자의 여정을 떠난다. 기성 사회의 성공 공식보다 내게 맞는 성장법을 찾는 시간이 필요해졌다. 군이 '필요해졌다'라고 표현한 건 일각의 주장이나 의지가 아니라 그런 세상이 도래했기 때문이다.

출판번역가의 꿈을 가지고 퇴사한 서메리 작가는 그가 꿈꾸던 출판번역가이자 작가, 일러스트레이터, 유튜버로 살아가고 있다. 그간 쌓은 전문성과 시행착오를 토대로 강사로 나서기도 한다. 물론 시작과 과정은 쉽지 않았다.

틱톡커로 손꼽히는 '듀자매'의 허영주는 정해진 시스템에 따르면서 생활해온 아이돌 출신이다. 걸그룹 데뷔 후 삶은 그의 기대와 달랐다. 화려하지도 행복하지도 않았다. 2014년 신사동의

한 스튜디오에서 만났던 그는 자신에게 맞는 시스템을 찾아내 600만 명이 팔로우하는 크리에이터로 성장했다.

나 역시 작은 배를 띄운 탐험가다. 사회생활 10년 차, 그리고 착실하게 딴짓한 지 16년 차. 일터에서는 기자와 PD로 살고, 회사 밖에서는 글을 쓰고 사진을 찍고 강연을 한다. 세 권의 청소년 도서를 출간했고, 사진전을 열었다. 어떤 사진들은 서울 어딘가에서 판매 중이다. 내가 쓴 글이 수십만 밀레니얼 독자들의 공감을 끌어내기도 했다. 새해를 맞아 얼굴도 본 적 없는 인스타그램 친구들과 독서루틴 모임을 시작했고, 낯선 이들과 기꺼이 연결되는 시간을 즐긴다. 좋아서 시작한 일이다.

그렇지만 그저 좋아하기 때문에 하는 일만은 아니다.

언제부터일까. 이 세상에서 '나다움'이라는 단어가 유행한 것은. 모두가 '나답게 살아야 한다'고 외치는 지금, 내가 말하려는 나다움을 다시 생각해본다. 우리는 왜 일하고 있고, 왜 일을 잘하고 싶을까. 주어진 근무 시간만 잘 지키고 월급만 밀리지 않아도 괜찮을 텐데, 우리는 왜 없는 시간을 쪼개서 나다운 일을 꿈꾸는 걸까.

누구나 인정받고 싶다. 그곳이 회사든 아니든, 내가 발을 딛고

선 무대라면 말이다. 어릴 적 부모님의 작은 칭찬에 행복했던 기억, 연인을 위해 기획한 이벤트가 대성공해 행복했던 기억처럼 '인정'은 본능의 영역이다.

사람들은 스스로 인정할 수 있는 삶을 바라며, 남에게도 인정받기를 원한다. 회사는 공과가 명확한 무대다. 좋은 성과를 보상받을 수 있지만 작은 실책에도 비난받기 쉽다. 과거 직장인은 회사에서 인정받으면 그만이었다. 회사 명함에 찍힌 이름과 직책만으로 나를 설명할 수 있었고, 인정받을 수 있었다. 하지만 일터의 경계가 모호해진 오늘날, 우리가 활약할 수 있는 무대는 더이상 회사에 국한되지 않는다.

나의 일을 새롭게 디자인해야 한다. 어쩌면 우리가 불행한 이유는 스스로 결정하지 못하는 것들로 내 시간을 채워서일지 모른다. 수면 시간을 빼면 24시간 중 가장 큰 비중을 차지하는 '일하는 시간'을 나에 맞게 디자인할 수 있다면 성공도 성장도, 나아가 행복까지도 내 가치에 맞게 설계할 수 있지 않을까. 새로운 인정에 목마른 우리에게는 새로운 고민이 필요하다.

욕심은 많지만 용기는 부족한 사람을 위한 성장법

자기계발의 범위가 넓어졌다. 모든 경험이 나를 개발하는 소재가 된다. 경험은 시간을 초월해 다른 경험과 연결된다. 그것을 이 책에서는 '딴짓'이라 표현했다. 딴짓, 다른 말로 '사이드 프로젝트'는 더 이상 회사 몰래 하는 활동이 아니다. 딴짓은 본업에 영감을 주기도 할뿐더러, 회사 안팎에서 나다운 성장을 가능케 한다. 변화의 시대에 '딴짓'이야말로 내가 원하는 성장을 가져다주는 확실한 길일지 모른다.

여기서 오해 하나만 짚고 넘어가자. 흔히 말하는 '부캐'나 '사이드 프로젝트'는 외향적인 사람들의 전유물일까? '나는 활동적인 사람이 아니라서 못해요'라고 말하는 분들에게 단호히 '아니다'라고 답하고 싶다. 사람을 많이 상대하는 일을 하다 보니, 내가 외향적일 거라 생각하는 분들이 많다. 하지만 트리플 A형이자 I로 시작하는 MBTI를 가진 나도 부캐가 4가지나 된다. '내향적 관종'이자 '선택적 인싸'들에게도 행복하게 활동하는 방식은 존재하는 법이다.

호기롭게 시작한 나의 탐험은 여전히 답을 찾아가는 중이다. 다행인 점은 사이드 프로젝트를 이어가면서 기회가 기회를 낳는 선순환을 경험하고 있다는 사실. 회사뿐 아니라 작가로서 사진가로서 메시지를 전하는 사람으로서 나를 지지하는 사람도 조금씩이지만 만나곤 한다. 아직 신대륙을 발견한 것은 아니지만, 불확실 속에서 헤매기만 하던 때보다 나의 다양한 면을 건드려보고 색칠해가는 지금이 행복하다.

책의 부제를 '욕심은 많지만 용기는 부족한 사람들을 위한 성장법'이라고 지었다. 책을 쓰겠다고 마음먹은 날 떠오른 문구다. 당장 내 것을 하고 싶어도, 모두가 퇴사를 외치는 세상에서는 나의 것을 시작하겠다고 마음먹는 것조차 녹록지 않다. '내 것'이 무엇인지 치열하게 고민해본 적이 없는 탓이며, 우리가 자라온 환경이 개성이나 차별점보다는 여전히 '정답'을 찾으라 말하기 때문이다. 성인이 된 우리는 질풍노도의 중2와 그 누구도 건드릴 수 없다는 고3 시절보다 더 흔들리고 방황한다. 이 책은 나처럼 용기가 아직 욕심을 따르지 못한 이들에게 내미는 손길이자, 딴짓을 저질러보자는 제안이다.

바라건대 한 가지 소망이 있다면, 서로 연대할 수 있기를. 변화 속에서 흔들리고 꺾일 때 서로가 서로의 완충지가 되어 나만의 나다움을 발견할 수 있길 바란다.

아무도 모르는 나 파악하기

지금 내 삶이 불행하게 느껴진다면
이유는 무엇인가요?

사람들은 그럭저럭 살 만해서 산다. 그런데 왜 우리는 '힘들다', '불행하다', '이번 생은 망했다'라는 말을 습관처럼 하고 있을까. 요즘 '살기 힘들다'는 말을 입에 달고 사는 사람이 유독 많아진 느낌이다. 지구를 뒤덮은 코로나19 때문일까? 스트레스는 브레이크가 망가진 자동차처럼 밀고 들어오는데 해소할 방법이 마땅찮다. 예전처럼 사람을 만나기도, 늦게까지 술 한잔 하기도, 여행을 떠나기도 어려우니까. 아, 물론 내 이야기가 아니라 주변 친구들 이야기다. (과연?)

대학생 때 만난 A. 스트레스 조절능력이 '제로'라고 스스로 말하는 이 친구는 일어나지 않을 최악의 경우까지 생각하며 일하느라 힘들다고 했다. 외동아들이었던 아버지의 장녀로 태어난 그는 집안에서 유일하게 공부로 두각을 나타냈다. 가족의 기대를 한 몸에 받는 위치였고, 당연히 실수는 허용되지 않았다. 그에게 실수는 실패의 다른 말이었다. 일을 잘 끝마쳤을 때도 마찬가지. 프로젝트를 100% 마무리했을 때 그의 머릿속에는 '왜 120%까지 못했지?'라는 생각이 가득했다.

모임에서 만난 B. 굉장히 여유롭고 즐거워 보이지만 그 역시 스스로에게 엄격하다. 코로나19로 주위 사람들이 미래를 위한 투자를 하나둘 시작할 때 '나만 멈춰 있다'는 기분을 강하게 느꼈다고 했다. 주식 투자에 성공했다는 사람, 재택근무 동안 책을 집필해 작가가 된 사람, 유튜버로 존재감을 드러내기 시작한 사람 등, '나보다 더 부지런해 보이는 사람들' 때문에 정신적인 압박을 받는다고 했다. 정작 옆에서 바라본 그는 착실하게 미래를 설계하고 있었음에도.

최근에 알게 된 C는 안정적인 회사에 다니고 있다. 그는 주변에 자기 같은 사람이 없어서 문제다. 'N잡러'를 꿈꾸는 그는 하필 가장 안정적이기로 유명한 업계에 취업한 덕에 지극히 안정지향적인 사람들과 일상을 보낸다. 캐릭터 굿즈를 만들어 판매하는가 하면, 여행지에서 느낀 감흥을 독립출판으로 출간한 작가이기도 한 C는 고민을 나눌 사람이 없다. 자신은 자기계발과 성장 욕구가 강한데 동료들은 승진, 투자, 부동산에만 관심을 갖는다. 고민의 결이 전혀 다른 사람들 틈바구니에서 가끔 표류하는 조각배 같은 기분에 휩싸인다.

A와 B는 완벽주의자다. A는 주위의 기대를 채워내기 위해 고군분투했다. 그의 완벽주의 성향은 대개 좋은 결과로 이어졌다. 경쟁에서 우위에 서는 편이었고, 나름의 성취도 느꼈다. 하지만 부담을 먹고 성장하는 날이 많았다. 속이 타지 않을 수 없었다. B는 자신이 원하는 방향이 있지만, 속도가 원하는 대로 나지 않아서 문제다. 한마디로 코로나19 이후 전과 다르게 늘어난 업무량이 발목을 잡은 케이스다. 개인의 하루치 시간과 체력은 한계가 있으므로 의지만으로 극복하기는 어려운 상황이었다. A와 B는 겉보기에 똑같은 완벽주의자처럼 보이지만 원인이 다르므로 해결의 출발점도 전혀 다르다. (C는 지혜롭게도 회사 밖에서 변화와 성장을 꿈꾸는 사람들을 만나기 시작했다.)

불행을 부르는 요인은 한두 가지로 요약할 수 없다. 그래도 축약해보자면, 일터에서만큼은 인정받지 못하는 것만 한 불행도 없다. 나 역시 인정을 갈구하는 관심종자다. 다만 그 욕망을 대놓고 드러내지 않는 '내향적 관종'일 뿐. 인정받지 못하면 자연히 동기부여가 떨어지고, 조직을 향한 로열티도 옅어질 수밖에 없다.

여러 직장을 거치며 다양한 유형의 상급자들을 만났다. 여전히 그들은 미스테리한 존재지만, 10년 정도 시간이 쌓이니 일하고 싶게 만드는 상사와 아닌 상사를 구분하는 가장 큰 기준이 생겼다. '칭찬'이다. 한국인은 남을 쉽게 인정하지 않는다. 뉴스 댓글만 봐도 드러나듯, 우리는 비판에 익숙하다. 하지만 달리는 경주마에게도 당근과 채찍을 번갈아 준다. 하물며 노예가 아닌 존엄성을 가진 인간에게 채찍 일변도의 소통이 효과적일 리 없다. 인정이 필요하다.

지금 당신은 행복한가, 불행한가? 행복을 갉아먹는 결핍이 있다면 그 정체는 무엇인가? 앞에서 말한 '인정'의 결핍일 수도 있고, 다른 무언가일 수도 있다. 현재 내 결핍을 깨닫고 채울 수 있다면 조금 더 행복한 삶을 살아낼 수 있을 것이다. 그럭저럭 살 만해서 잘 버티고 있을지 모르지만, 그럭저럭 살고 싶어서 태어난 사람은 없다. 우리는 그만큼 중요한 존재다. 세찬 소나기 뒤 세상을 감싸는 햇볕처럼.

내 일 포지셔닝하기 :
지금 의미 있는 일을 하고 있나요?

지금 하고 있는 일의 목록을 작성해봅시다. 회사 업무를 최대한 잘게 쪼개고, 지금 하고 있는 딴짓도 함께 적어주세요. 그다음에 각각의 일을 그래프 위에 배치합니다. 가로는 중요도의 축, 가장 왼쪽이 0, 가장 오른쪽이 100입니다. 세로는 재미의 축입니다. 위쪽에 있을수록 내가 현재 재미있게 느끼는 일입니다. 똑같은 업무 미팅이라도 사람 만나기를 좋아하는 분은 상대적으로 우측 상단에, 반대인 분은 조금 더 안쪽에 표시할 겁니다.

　우상단에 위치한 일, 즉 재미도 있고 중요한 일은 당신의 '업'이 될 확률이 높습니다. 재미는 없지만 나에게 중요한 일은 업무상 책임감을 갖고 해내야 할 일이 많습니다. 우리 팀의 주요 현안, 회

재미

중요도

사 정책상 필요한 일, 트렌드에 맞춰 새롭게 도전하는 업무 같은 것 말이죠. 왼쪽 상단에 위치한 일 중 어떤 것들은 당신의 '취미'일 겁니다. 마지막으로 재미도 없고 내게 중요하지도 않은 일은 장기적으로 버려야 할 혹은 버려지게 될 일입니다.

예를 들어 2018년과 2019년, 제게 의미 있는 일은 출간, 사진전, 개인 연재, 진로 특강 등이었습니다. 모두 '내 목소리를 내는 일'입니다. 이처럼 당신의 일을 포지셔닝해봅시다. 그리고 '나에게 의미 있는 일'을 확인해봅시다. 10분이면 충분합니다. 지금 당신에게 의미 있는 일이 무엇인지 확인했다면 조금만 욕심을 부려봅니다. 아래처럼 그 일이 왜 재미있고 중요한지 '의미 있는 이유'를 덧붙여보세요. 이 과정을 통해 우리는 지루한 일상의 루틴을 돌파해 내게 주어진 시간을 행복하게 보낼 수 있습니다. 나아가 성장으로 나아가는 시작점을 발견할 수 있습니다.

나에게 의미 있는 일 : _____

의미 있는 이유 3가지

- _____
- _____
- _____

〔예시〕조재형의 의미 있는 일

나에게 의미 있는 일 : 멸종위기동물 기획 연재

의미 있는 이유 3가지

- 어릴 때부터의 관심사를 콘텐츠로 제작
- 개인 연재 통해 내 콘텐츠 실험
- 원고료라는 부수입 창출

스스로도 외면하고 싶은
내 모습을 만난 적 있나요?

인생은 육십부터라는데, 시작점까지 절반 남짓 온 지금의 나를 인격적인 면에서 한 걸음 내딛게 해준 경험은 스물다섯 살의 어느 날이었다.

군대를 전역하고 한 학기 숨돌린 내게 그해 겨울, 자의 반 타의 반으로 중책이 맡겨졌다. 1학년 1학기부터 해가 바뀔 때마다 (과)학번대표로 선출됐는데 끝내 학생회장까지 역임하게 돼버린 거다. 역시 궂은 일은 했던 사람이 계속하기 마련인가 보다.

적임자였던 건 아니다. 신설학과 2기생이라 선배라곤 딱 한 학번 위뿐이었고, 할 만한 사람은 시나브로 다 했던 탓에 나에게까지 온 거였다. 그렇다고 또 숨 막힐 정도로 못할 것 같지도 않았다. 입학한 이래 내내 학과 일을 했으니 미운 정 고운 정이 쌓여 학과에 애정도 있었고, 과 행사를 나만큼 자세히 아는 이들도 드물었다.

학생회장 자격으로 맞이한 첫 학기, 과방이 북적거렸다. 새로 입학한 1학년 친구들이 대학생활을 기대하며 앉아 있었다. 선배로서, 학생회장으로서 그들에게 좋은 시간을 선물해주고 싶었다. 그렇다. 그날 그 첫 회의 때부터 나는 깊은 함정에 빠져버리고 만 것이다.

대학생활은 2학기보다 1학기가 더 바쁘다. 신입생 오리엔테이션을 시작으로 개강파티도 해야지, MT도 가야지, 체육대회는 질 수 없지, 그러다 보면 축제 시즌이지. 그렇다고 마냥 놀기만 할 수는 없어서 시험도 보긴 봐야지. 학과의 1년 사이클을 잘 아는 사람과 그렇지 못한 사람 사이의 격차는 당연히 있다. 조직 운영에 고려할 만한 변수였다. 나는 군생활을 포함해 대학생활 5년 차에 접어든 복학생이었다. 스케줄이 촘촘할수록 학과활동의 굵직한 의사결정부터 세세한 계획까지 내 독단으로 끌고 가는 날이 많아졌다.

당시 나는 책임감을 앞세울 뿐 리더로서는 한참 서툴렀다. 그래도 무려 '회.장.님'이었고 '선.배.님'이었으니 내가 끌고 가야 한다는 얄팍한 의무감을 스스로 부여했는지도 모르겠다. 결과적으로 고작 반년 만에 그들도 나도 지쳐버렸다. 나는 몰려드는 일과 잘해야 한다는 욕심에 지쳤고, 후배들은 자율성과 동기부여가 부족한 분위기에 하나둘 떨어져 나갔다.

돌이켜보면 20대 중반까지 나는 완벽주의자에 가까운 사람이었다. 그런 성향은 혼자서 목표를 달성하면 되는 '시험' 같은 무대에서는 적절했다. 그러나 공동체에 들어가는 순간 걸림돌이 되었다. 공동체는 하나의 목표를 향해 달려가는 것만큼 구성원의 능력과 장점을 두루 살리는 것이 중요하다. 그러나 그때의 나는 '내가 아니면 안 된다'는 크나큰 오만에 빠져 허우적대고 있었다.

내가 아니면 안 될 정도로 어마어마한 능력자라면 혼자 일하면 된다. 공동체 합의의 결과가 언제나 개인의 아웃풋을 넘어서는 건 아니니까. 그러나 대부분의 공동체에서는 내가 제일이고, 내가 가장 노력하고 있고, 나만큼 고생하는 사람이 없다고 티 내고 다니는 사람만큼 조직을 갉아먹는 존재도 없다. 혹자는 그의 오만에, 다른 누군가는 그가 풍기는 위압감에 하나둘 입을 다물고 만다.

완벽주의자는 자기 일과 공동체의 열성팬이다. 덕분에 조직을 더 나은 방향으로 빠르게 이끌어가는 주체가 되기도 한다. 하지만 다양성이 중요시되는 요즘 세상에서 완벽주의자는 (어쩌면) 공동체의 지속가능성과 업무 고도화를 가로막는 존재일지도 모른다. 또 자기 생각에 대한 확신이 지나친 나머지 타인을 고압적으로 대할 때도 있다. 열정적인 완벽주의자가 던진 뾰족한 말 한마디에 상처받는 이들을 우리는 여러 조직에서 만나왔다.

심지어 완벽주의자들 가운데 적잖은 이들이 '나는 그렇게 말해도 된다'며 자격을 믿는다. 그들이 쌓아온 치열한 노력의 시간을 폄훼할 생각은 없다. 하지만 좀, 아니 많이 불편하다. 그들에게서 피하고 싶었던 지난날의 나를 맞닥뜨리고야 마니까. 태도가 중요한 이유는 '잘못된 태도가 고결한 진심을 가리기 때문'이다. 바라건대 정말 대단한 능력을 가졌고, 누구보다 뜨거운 열정을 가졌다면, 정말 스스로 중요하고 대단한 사람이라는 자부심이 있다면 유연해질 일이다. 마음의 여유를 갖기 바란다. 과거의 나에게는 그것이 없었다.

생각해보면 어쩌면 문제해결의 핵심은 '믿고 맡기는 것'에 있지 않을까. 구성원들에게 믿고 맡길 때 그들은 스스로 전략을 세우고 결과를 책임지며, 실패하더라도 다음에 실패하지 않을 피드백을 얻을 수 있다.

그때의 나 또한 여러 사건을 겪었고, 2학기가 되어 비로소 내려놓음을 택했다. 조금 더 솔직하자면 핵심을 깨달아서 내려놓았다기보다는 지쳐서 내려놓은 게 컸다. 나는 흔들리면 안 될 뿌리와 같은 결정만 내리고, 세부적인 부분은 후배들에게 넘겼다. 그렇게 치러낸 그해 마지막 행사는 매우 성공적이었다. 지난 한 학기의 아쉬움이 충분히 해소되었을지는 모르겠지만, 주변에서 "정말 잘 끝났다"고 말해줬으니 자평은 아니다.

완벽주의를 덜어낸 나는 완벽해도 될 순간과 아닌 순간을 구분하는 나름의 기준을 갖게 되었다. 그리고 사람을 얻기 시작했다. 간혹 열정적인 완벽주의자들이 내 영역에 불쑥 들어와 뒤집어놓고 갈 때도 있지만, 이제는 내 사람들 덕에 괜찮다.

내려놓을 줄 아는 경험을 그나마 일찍 해서 다행이다. 더 일찍 알았으면 좋았을 뻔했다. 그러면 지금 더 노련하게 내려놓을 수 있었을 텐데. 부족한 학생회장으로 보낸 1년은 지금도 오만에 빠지려고 하는 나를 건져준다.

퍼스트 무버가 아니지만
퍼스트 무버가 되는 법

아이폰을 선보인 스티브 잡스, 세계 최대 전자상거래 기업 아마존을 키워낸 제프 베조스, 〈어벤져스〉로 21세기판 영웅 서사시를 쓰고 있는 마블스튜디오의 케빈 파이기, 전기차 테슬라를 개발하고 지구를 넘어 인류의 화성 이주까지 꿈꾸는 이 시대의 천재 일론 머스크. 이들의 공통점은 무엇일까?

어렵지 않은 문제다. 이들은 인류사에서 '혁신가'로 분류되며, 많은 이들의 롤모델로 꼽히는 인물들이다.

잠시 기억을 과거로 돌려보자. 그러니까, 초등학교 고학년 정도로. 지겨운 한 학기를 마무리하고 우리는 여름방학을 앞두고 있다. 친한 친구들과 잠시 떨어지겠지만 방학에 대한 기대감으로 그저 설레는 우리에게 담임 선생님이 종이 한 장을 건넨다. 제목은 '여름방학 추천도서.' 맞다. 잠시 잊고 있었다. 우리는 방학에도 공부해야 하는 존재라는 것을.

초등학생 추천도서 목록에 빠지지 않고 등장하는 장르가 있다. 바로 '위인전'이다. 나라를 지키기 위해 희생한 구국의 의인들, 차별을 극복하고 평화와 공존의 가치를 설파한 성인들, 그리고 누구도 가보지 않은 길을 걷고 자신만의 길을 찾아 멋진 결과를 만들어낸 혁신가들의 모습은 얼마나 아름다운가.

지금 생각해보면 위인전에 수록된 모든 인물의 삶이 마냥 멋진 것만은 아니었다. '천재는 1%의 영감과 99%의 노력으로 이뤄진다'는 명언을 남긴 에디슨. 99% 노력의 결과물 중 하나는 무려 전기로 사람을 죽이는 사형 의자였으며, 대표적인 발명품으로 꼽히는 전구 역시 최초 개발자가 에디슨이 아니라는 사실은 잘 알려져 있다. 스티브 잡스는 어떤가. 애플의 신화 뒤에는 보통의 상식을 가진 사람들은 감당하기 어려웠던 잡스의 괴팍한 성격이 숨어 있다. 이것은 저어기 뒷장에서 이어나갈 이야기니 여기서는 잠시 줄이도록 한다. 세상은 혁신가를 기억하고, 그것도 실제보다 아름답게 포장해서 기억할 확률이 높다는 것만 기억하도록 하자.

한 번은 취업 후 오랜만에 만난 친구들과 이야기를 나눴다. 그날의 주제는 '혁신병'이었다. 한 친구가 "말로는 누구나 스마트폰을 만들 기세야"라고 운을 뗐다. 동의했다.

혁신의 순간은 말처럼 쉽게 찾아오지 않는다. 개인적으로 스마트폰이 생긴 이래 아이폰만 쭉 사용하고 있는데, 그런 나도 더이상 아이폰이 혁신적이라고 생각하지는 않는다. 주변의 '애플빠'들도 생각이 크게 다르지는 않은 것 같다. 그런데도 언론은 기성품이 된, 이제는 편의성과 기능의 다양성을 높이는 데 주력하는 2020년대의 아이폰에 여전히 혁신을 물으며 '아이폰, 더이상 혁신은 없었다'고 비판한다. 우리 사회의 '혁신병'을 적나라하게 보여주는, 비판을 위한 비판 같다.

지금도 미디어에는 혁신 이야기가 넘쳐난다. 정치인, 공공기관 종사자, 기업인, 교수 같은 이들이 혁신의 중요성을 입이 닳도록 이야기한다. 하지만 아쉽게도 어떻게 혁신을 만들어야 하는지는 잘 모르는 듯하다. 혁신해본 적이 없을 테니까. 혁신의 패스트 팔로워였던 적도 없는 사람들이 하는 혁신 이야기라니, 얼마나 공허한가. 지금 이 글을 쓰고 있는 나조차도.

어떻게 혁신해야 하는지 누구도 잘 알지 못한다면, 다음 질문으로 넘어가자. 이 질문이 어쩌면 우리의 내일을 위해서는 더 영양가 있을지도 모르겠다.

'과연 모두가 세상을 선도할 필요가 있는가?'

70억 세계 인구 중에서 누구에게나 혁신가라 인정받는 퍼스트 무버가 얼마나 될까. 1000명은 될까? 그만큼 혁신가는 극소수이며 쉽사리 이룰 수 있는 레퍼런스가 아니라는 사실을 인정할 필요가 있다.

게다가 혁신가가 가득한 세상은 과연 아름다울까? 자칫 배가 산으로 가는 결과를 초래할 수 있다. 조이, 슬픔이, 까칠이, 버럭이는 사표를 쓰고 '혁신이'들만 가득한 라일리의 〈인사이드 아웃〉을 상상할 수 있을까. 사회가 혁신을 외친다고 해서 우리 모두가 혁신가가 될 필요는 없다. 혁신이들의 공간에 잃어버린 동심의 상징 '빙봉'의 자리를 마련해주는 게 어쩌면 예상치 못한 혁신을 만들어낼 수 있는 길일지 모른다.

나 또한 돌이켜보면 퍼스트 무버는 아닌 듯하다. 퍼스트 무버들이 가진 한 가지 강력한 특성이 결여돼 있기 때문이다. 바로 '실행력'이다.

완벽한 여건을 갖출 때까지 실행을 미루지 않고 과감히 뛰어드는 개척자의 모습은 혁신을 꿈꾸는 이들에게 귀감이 될 능력이다. 나도 생각만 하기보다는 일단 실행하는 게 낫다는 데 동의한다. 하지만 한동안 중요한 사실을 놓치고 있었다. 나는 무작정 실행하는 것보다 한 번, 두 번 사유하고 실행하는 성향이었던 것이다. 10년 넘게 아이폰을 쓰고 있지만 정작 친구들 중에서는 가장 마지막으로 아이폰을 샀던 나, 디지털카메라로 사진을 찍지만 필름카메라로 여행지를 천천히 걸으며 사진 찍을 때가 더 행복한 나다. 어쩌면 나는 퍼스트 무버가 되기 어려운 천성을 타고났는지도 모른다.

그러면 혁신가가 아니니 그냥 주어진 상황에 맞춰 살아가야만 하는 건가? 그러라는 법은 없다. 나에게는 꽤 괜찮은 장점, '관찰력'이 있었다. 어떠한 상황을 직시하고 본질을 파악하는 데 약간의 재능을 갖춘 사람이다. 혁신적인 무언가가 세상에 나타났다면 그 본질을 파악해 내 방식으로 변형하는 게 더 재밌고 편하다. 그렇다. 나는 사유하는 사람이었다. 때로는 먼저 뛰어가기도 하지만, 주로는 잠깐 생각한 다음에 걸음을 떼는 팔로워에 가까웠다.

123층 롯데월드타워에 매달려 창문을 닦고, 165kg이나 되는 폐지를 주워 1만 원을 벌기도 한다. 남자인데도 치마를 입고 브래지어를 착용해본다. 누가 시키지도 않은 체험으로 국민적 지지를 얻고 있는 기자가 있다. '체헐리즘(체험+저널리즘)'의 남형도 기자다.

'체헐리즘'은 '기레기'를 향한 대중의 분노 포인트를 적절히 건드린 걸작이다. 포털사이트 실시간 검색어가 유행일 때 언론은 검색어 뉴스를 앞다퉈 생산했다. 인터넷 언론사에서 일하던 시절 나 또한 큰 흐름에서 벗어날 수 없었다. 하루에 70개가 넘는 검색어를 쓴 날도 있을 만큼 언론사의 '검색어 따먹기' 현장은 실제 현장만큼이나 치열했다. 대중은 발로 뛰지 않는 기자에게 실망했다. 그런 때 체헐리즘은 뉴스 소비자의 갈증을 시원하게 해소해주었다.

'어떻게 하면 대중이 읽어주는 기사를 쓸 수 있을까?'

비슷한 고민을 하고 있던 내게도 체헐리즘은 좋은 기준점이 됐다. 남형도 기자가 상황 한가운데로 돌진하는 '체험덕후'였다면, 나는 관조적이지만 날을 세우고 세상을 바라보는 '관찰덕후'가 되어보기로 했다. 마침 사진과 영상도 다룰 줄 알았으니 준비는 얼추된 셈이었다. 거리로 나갔다. '일상 속 집요한 관찰자'가 되기 위해.

제대로 굴러가지 않는 제도나 미성숙한 시민의식이 드러나는 현장을 찾아다니기 시작했다. 제목은 '확인해봄', 너무 단순해서 민망할 정도다. 명동, 강남, 여의도 거리의 '점자보도블록'은 시각장애인들의 눈 역할을 상실했고, '특별 단속 기간'임에도 장애인주차구역에는 일반 차량이 주차해 있었다. 거리의 공용 자전거와 제설함에는 쓰레기가 가득했고, 지하철역 '휴지통 없는 화장실'

은 악취가 진동했다.

경천동지할 '단독' 보도는 아니었다. 누가 보면 "그런 걸 해서 누가 알아주냐"고 혀를 찰 만했다. 하지만 나라를 바꾸고 기자 개인에게 큰 명예를 가져다주는 기사만큼이나, 해결되지 않은 문제를 꾸준히 수면 위에 올리는 것도 중요한 일이다.

그래도 다행이었다. 기사를 내보낼 때마다 포털사이트 메인에서 대중의 응원과 지지를 만날 수 있었으니.

몇 년 전부터 산티아고 순례길을 걷는 것이 유행이다. 나는 아직 가보지 않았고, 앞으로도 갈 일이 있을지 잘 모르겠다. 그래도 한 가지는 느낄 수 있었다. 지금까지 순례길을 걸어낸 사람이 셀 수 없을 것이므로 그 길을 걷는 것만으로 혁신적인 사람으로 인정받을 리 만무하다. 하지만 첫 순례길에 오른 모두에게 약 800km를 걷는 시간은 새로운 도전이다. 나에게는 지금껏 없었던 혁신의 순간일지 모른다.

지금보다 한 걸음 나아가는 데 '퍼스트 무버'인지 '패스트 팔로워'인지는 중요한 고민이 아니다. 내가 처음이 아니라 하더라도 그 길을 멋지게 따라가 보자. 그러다 보면 한 번은 퍼스트 무버가 될 순간이 올지도 모르니까. 적어도 내 삶에는 퍼스트 무버의 순간일 테니.

당신을 표현하는
5가지 키워드를 알고 있나요?

2020년은 MZ세대를 중심으로 MBTI가 크게 유행했던 한 해였다. 기성세대가 혈액형을 물어보며 상대의 성격을 파악한 것처럼, 요즘은 서로의 MBTI를 묻고 답하는 사람이 늘었다. 심지어 자기소개서에서도 봤을 정도니 대세는 대세구나 싶다.

 MBTI는 아마 대중적으로 가장 잘 알려진 성격유형 검사일 것이다. 사람의 성격을 '외향(E)과 내향(I)', '감각(S)과 직관(N)', '사고(T)와 감정(F)', '판단(J)과 인식(P)'이라는 기준에 따라 16가지로 구분한다. 요즘은 MBTI를 변형한 심리테스트도 인기다. 혈액형으로, 십이간지로, 별자리로, 이 모든 것을 다 합친다 해서 개개인을 파악할 수 있을지는 불확실하지만, '아무리 생각해봐도 모르겠는 나'를 규정하고 싶은 욕망은 언젠가 해결해야 할 숙제처럼 우리 마음속에 남아 있다.

내가 가장 많이 나오는 유형은 INFJ, '선의의 옹호자'다. INFJ 의 특징을 요약하면 다음과 같다.

'겉으로는 부드러워 보이지만 나만의 강직함(이라 쓰고 고집이라 읽는다)을 갖고 있다.'

'따뜻하고 섬세한 언어를 사용하며 다른 이들의 감정을 잘 살 필 줄 안다.'

'다른 사람들도 마찬가지로 나를 대해주기를 바란다.'

'폭주기관차처럼 질주하는 삶보다 혼자만의 시간이 꼭 필요 하다.'

내향적 관종 또는 선택적 인싸

'호랑이띠, 사자자리 그리고 A형 남자.'

MBTI처럼 혈액형이나 별자리가 나에 대해 설명할 수 있다면, 나는 어딘가 나사 하나 빠진 사람일 것이다. 맹수 주제에 A형이라 니. 저래서야 '밀림의 왕'이 되기는커녕 제 입에 기름칠이나 할 수 있을까.

평범하고 조용한, 그래서 너무나도 무난한 10대 시절을 보냈다.

나름 성실할 줄은 알아서 성적은 상위권이었고 어른들이 시키는 일도 군말 없이 잘했던 아이. 좋게 말하면 책임감 있고 나쁘게 말하면 수동적인 아이였다. 하지만 학기 초 반장 선거철만 되면 마음 깊숙이 내재된 또 다른 내가 기지개를 켜곤 했다. 가슴 한구석이 두근대기 시작했다. 평범했지만 돋보이기를 은근히 좋아하는 이중적인 기질의 나. 그렇구나, 나는 '내향적 관종'이었다.

생각해보면 대회 같은 건 귀찮았지만, 일단 나가면 좋은 결과를 얻길 바랐다. 아주 어릴 적, 그러니까 미취학 아동이던 시절 단편적으로 기억나는 웅변대회라든지 교내 백일장과 사생대회, 발명, 목화 키우기까지. 기왕 시작했으니 잘 마무리하고 싶은 성향은 어릴 때부터 쭉 함께였던 것 같다. '내향적 관종'과 '선택적 인싸'는 나를 수식하는 가장 적합한 표현이다.

한 번씩 주변 사람들에게 나를 표현할 수 있는 형용사를 물어본다. 기분 좋은 표현도 있고, 너무 날것의 내 모습이라 외면하고 싶은 말도 있다. 대학 시절 학생회장을 맡았을 때는 '권위적'이라는 말도 들었다. 그땐 그랬나 보다. 감투가 주는 조그만 권력(?) 따위에 취했었나 보다. 그날 너무 충격 받아서 지금까지 '권위'라는 단어 근처에도 가지 않도록 치열하게 경계 중이다. 그 덕분일까? 가장 최근에 지인들이 답한 표현은 다음 5가지다.

- 책임감 있는Responsible : 대학생 때 알게 된 절친한 형의 의견
- 사려 깊은Thoughtful : 모임에서 알게 돼 독서루틴을 함께한 멤버의 의견
- 통찰력 있는Insightful : 고민 상담을 많이 하던 친구의 의견
- 폭넓은/포괄적인Inclusive : 나의 치열한 자기계발 역사를 알고 있는 동생의 의견
- 세심한Sensitive : 여러 사람이 공통으로 언급한 의견

전체적으로 기분 좋게 만드는 말들인데, 여기서 가장 주목해야 할 단어는 마지막 '세심한'이다. 상대의 말과 행동을 관찰해 그 사람과의 소통에 반영하는 편이며, 부족하지만 내 책임하에 있는 이들을 잘 챙기려고 노력하는 편이다. 하지만 존중받지 못하거나 타인의 감정을 잘 고려하지 않는 사람을 만날 때면 나의 세심함이 쉽게 감정에 휘둘린다. '사려 깊은 세심함'이 '감정적 예민함'으로 번진다. 〈인사이드 아웃〉의 '기쁨이'처럼 내 핵심 감정은 '세심이'였던 것이다.

나를 표현하는 키워드가 무엇인지 모른다면, 누구에게 물어봐야 할까? 첫 번째는 가족이나 연인, 오래된 친구들이다. 오래 교류한 만큼 숨기고 싶은 내 모습도 잘 알고 있는 이들이다. 적나라한

내 모습을 파악할 수 있어서 좋다. 그다음은? 느슨한 관계를 맺고 있는 사람들이다. 감정적으로 매우 밀접하지는 않겠지만, 괜찮다. 이들은 당신이 사회적으로 어떤 분위기를 풍기는지, 장점이나 매력은 무엇인지 파악할 수 있도록 도울 것이다.

당신을 표현하는 형용사를 알고 있나요?

자기소개서를 쓸 때 빠지지 않고 등장하는 질문이 있습니다. '성장환경'과 '내 성격의 장단점'입니다. 두 가지 모두 나의 품성을 고민해야 답을 할 수 있는 질문입니다. 내가 생각하는 나의 이미지와 타인이 바라보는 이미지는 상이할 수 있습니다. 나를 표현하는 형용사를 알고 각각의 단어에 대해 짧은 글을 쓰면서 내 성격과 강점, 취약점을 파악할 수 있습니다.

① 스스로 '나' 하면 떠오르는 형용사를 10가지 적어봅니다.
② 주변 사람들(부모님, 친구, 직장 동료 등)에게 나를 표현하는
  형용사를 수집합니다. 각각 5가지 이상 수집해보세요.

③ ①과 ②에 공통으로 속한 형용사를 중심으로 나를 설명하는 5가지 형용사를 선정합니다.

④ 각각의 형용사를 주제로 짧은 에세이를 작성합니다. 가능하면 단점보다는 장점에 주목해 글을 써보세요.

당신이 가장 행복할 때는 언제인가요?

어느 집이나 신줏단지 모시듯 하는 물건이 하나쯤 있다. 어린이는 접근 불가. 우리 집은 카메라가 딱 그랬다. 내가 기억하는 첫 번째 우리 집, 미아리 이층집 안방 서랍에는 캐논사의 자동 필름카메라가 들어 있었다. 요즘도 마찬가지지만 1990년대 한국 가정에서 카메라는 보물이나 마찬가지였다. 하루가 멀다 하고 넘어져 무릎이 까져서 돌아오던 내게 카메라 만질 기회가 주어질 리 만무했다. 당시 내게 허락된 건 서울대공원 동물원에서 살 수 있는(셔터를 누르면 사자, 기린, 하마, 코끼리, 돌고래 같은 동물이 지나가던) 조악한 장난감이 고작이었다.

첫 사진을 찍은 시점은 초등학교 6학년 때로 기억한다. 그전까지는 한 번만 찍게 해달라고 졸라도 부모님이 허락해주시지 않았다. 천금 같은 기회를 얻은 13세 어린이가 촬영한 첫 사진은 꽤 웅장했다. 친가가 있는 동네(경상북도 청송군)는 몇 가지 자랑거리가 있다. 그중 하나가 주왕산 국립공원의 기암절벽으로, 산 아래 식당 열 곳 중 아홉 곳은 기암을 담은 액자가 걸려 있었다. 당시 나에게는 매우 익숙한 이미지이면서 쉽게 찍을 수 없는 풍경이었을 것이다. 그 순간 내 모든 열정을 다해 찍은 기암 사진은 지금도 앨범 한 칸에 소중히 담겨 있다.

나만의 카메라를 갖게 된 건 그로부터 10년 가까이 흐른 대학교 2학년 때였다. 6만 원짜리 중고 필카이자 필름 한 칸에 두 장을 찍을 수 있어서 하프 카메라라고 불린 '올림푸스 PEN-EE3'였다. 보급형 하프 프레임 카메라 중 가장 대중적으로 사랑받은 모델이다.

36롤 필름을 사면 72장이 촬영된다. 필름을 잘 감으면 74~75장까지도 찍을 수 있었으니 돈 없는 대학생이 쓰기에 최고였다. 애정을 담아 '펜삼이PEN-EE3'라 불렀던 이 카메라를 들고 캠퍼스 구석구석을 돌아다녔다. 과방을 열면 학과 친구들이 내 모델이었고, 축제날에는 친구들과 다른 학교 학생들, 하늘에서 터지는 폭죽까지 모든 순간이 추억으로 켜켜이 담겼다.

하프 카메라의 매력이라면 매력인데, 바빠서 사진을 띄엄띄엄 찍을 때면 필름 한 롤에 여름과 가을 두 계절이 함께 담겨 있을 때도 있다. (계절이 세 번 담겨 있다면 그건 그냥 게으른 거다.) 100일 넘는 시간 동안 나에게 무슨 일이 있었는지, 이날은 어떤 감정에 빠져들었는지 살펴보는 재미가 있었다.

단골 사진관 사장님의 칭찬(지금 생각해보면 분명 인사치레였을 거다)을 들으며 즐겁게 사진을 찍어가던 그때, 거창한 꿈을 하나 갖게 됐다. 당시 대학생이 지원할 수 있는 권위 있는 사진 콘테스트가 몇 개 있었는데, 내 눈에 들어온 건 모 항공사에서 주최하는 여행사진공모전과 내셔널지오그래픽이 개최하는 사진 콘테스트였다. '졸업 전에 둘 중 어디든 상을 받아보자'라는 게 스물두 살, 카메라를 잡은 지 1년이 채 안 된 나의 목표였다.

누가 그랬다. 꿈이 크면 그 조각도 큰 법이라고. 큰 대회를 목표로 삼으면 작은 대회는 한 번쯤 통과할 수 있겠지(작은 대회도 쉽진 않았다) 하는 게 솔직한 마음이었다. 3학년 1학기를 휴학하고 입대해 사진 잡지를 구독했다. 사진을 물어볼 고수가 주변에 없으니 미디어가 주목하는 작가들의 작업과 준전문가 수준의 아마추어 사진작가들의 작업물을 보며 따라 하기를 반복했다.

미디어 분야에 취업하고 싶었던 만큼 순수예술보다는 다큐멘터리 사진에 더 끌렸다. 종군 사진가로 유명한 로버트 카파의 사진전을 찾아가고, 유진 스미스의 사진집을 구매했다. 앙리 카르띠에 브레송이나 스티브 맥커리는 당연히 거쳐야 할 과정이었다. 이때쯤 성남훈 선생님을 알게 됐다. 집시와 난민을 주제로 작업을 이어온 선생님을 알게 된 건 티베트 비구니 학승들을 담은 작업 '연화지정'을 접하면서였다. 다큐멘터리 사진이 이렇게 따뜻하고 서정적일 수 있다는 걸 그때 처음 알았다.

소소한 일상을 강렬하게 표현한 사진으로 세계적인 사진가 그룹 '매그넘'의 일원이 된 마틴 파의 작업도 인상적이었다. 누구나 일상을 볼 수 있지만, 그 순간을 특별하게 만드는 재능은 아무에게나 허락되지 않는다. 마틴 파는 그런 작가였다. 그의 감각이 멋있었고 부러웠다.

전공생도 아닌 주제에 사진에 대한 갈증이 점점 커져갔다. 사진을 잘 찍고 싶었다. 휴가를 나오면 카메라부터 들었다. 필름사진 커뮤니티에 촬영한 사진을 올렸고, 사진공모전의 문을 두드리기 시작했다. 떨어진 대회가 셀 수 없지만 연거푸 도전하며 대회 스타일을 파악하고, 부족한 사진 실력을 채워나갔다. 1년쯤 지났을 때 드디어 한 대회에 입선할 수 있었다. 일병에서 상병으로 넘어갈 때쯤이었다. 입상도 아니고 입선이라 어디서 사진 좀 찍는다고 자랑할 만한 성과는 아니었다. 그러나 다른 대회에 도전할 동기부여로는 충분했다.

군대에서 독하게 모아둔 월급으로 친구와 제대 기념 여행을 떠났다. 이모부께서 쓰시던 필름카메라를 어깨에 메고 향한 곳은 홍콩. 마침 친구도 한창 사진에 재미 들였을 때라 둘은 홍콩 거리를 가다 서다 반복하며 셔터를 눌렀다. 야경으로 유명한 도시라 여행 첫날은 괜찮은 포인트에 눌러앉아 해가 떨어지기만을 기다리기도 했다.

여행 3일 차, 침사추이를 걷는데 아주머니 한 분이 눈에 띄었다. 은은한 분홍빛 상의를 입은 그녀의 뒤로 강렬한 붉은빛 원피스를 입은 광고 모델 사진이 겹쳤다. 강렬함과 은은함, 젊은 여성과 나이 든 여성이라는 대비가 가슴을 찔렀다. 그 자리에서 3초쯤 멈췄을까. 카메라를 들어야 정상인 상황이었지만 그녀를 지나쳐갔다. 다음 일정이 급하다는 이유 때문이었다.

그러다 아무래도 안 되겠어서 걷기를 멈추고 결국 그 장소로 돌아갔다. 다행히 아주머니는 그 자리에 계셨다. 그녀의 시선이 위쪽을 향하는 순간, 셔터를 눌렀다. 몸 속 세포 하나하나가 '이때다'라고 말하는 것 같았다. 그 사진으로 내셔널지오그래픽 한국판이 주최한 사진 콘테스트에서 우수상을 받았다. 당선작은 예술의전당 내벽에 걸렸다. 마음속 끌림(이런 게 롤랑 바르트가 말한 '푼크툼punctum'이었을까?)을 무시했더라면 찾아오지 않았을 영광이다.

누가 나에게 '가장 좋아하는 것'을 묻는다면 주저하지 않고 '사진'이라고 답할 것이다. 첫 카메라를 들었던 순간부터 오늘날까지 내 답은 한 번도 바뀐 적이 없다. 하지만 단순히 사진이 좋아서 계속 찍고 있냐고 묻는다면, 아마도 '아니'라고 말할 것 같다.

내셔널지오그래픽 콘테스트에서 상을 받았던 순간만큼, 사진으로 처음 상을 받은(비교할 수 없을 정도로 작은 상이었지만) 시간의 조각도 그날 못지않게 내 속에서 빛나고 있다. 첫 사진전에 참가했을 때, 내 사진이 누군가에게 팔렸을 때, 전시 장소가 예술의전당이었을 때, 답보중이던 사진 실력을 칭찬받았을 때, 내 사진이 포털사이트 메인을 장식했을 때, 작가 계약을 맺었을 때. 모든 인정의 조각이 모여 지금까지 올 수 있었다.

아주 어릴 적 처음 부모님께 칭찬받았을 때, 행복했다. 지금은 나를 믿어주는 사람들을 알게 될 때, 열심히 쓴 기사와 영상 콘텐츠를 많은 사람이 보고 칭찬할 때 행복하다. 콘텐츠를 만드는 사람으로서 누군가의 관심과 인정을 받을 때 살아 있음을 느낀다.

마케터 '숭' 이승희 님의 강연을 기획한 적이 있다. 사회초년생 때 페이스북 친구가 된 이후, 본업인 마케터로서 성장하고 작가로 무대를 넓혀가는 그의 모습을 와이파이 너머로 지켜봤다. 배달의민족 퇴사 후 "아무것도 하지 않겠다"(그럴 사람이 아닐 텐데)며 '두낫띵'을 선언한 그에게 메시지를 보냈다.

"숭님, 두낫띵 중이실 텐데 저랑 원모어띵 하나 하시죠?"

사이드 프로젝트, 부캐, N잡이 대유행하는 시대에는 '변화할 줄 아는 것'이 곧 성장이라고 생각한다. 변화하고 있는 사람들의 성장 비결을, 나와 비슷한 고민을 하는 분들의 이야기를 세바시 무대에 꼭 한번 올려보고 싶었다.

우리는 녹화 전날 자정까지 통화하며 내용을 다듬었다. 열심히 준비하지 않은 강연은 없겠지만, 내가 말하고 싶은 메시지여서일까, 신경이 쓰이는 건 어쩔 수 없었다. 콘텐츠를 만드는 사람들이라면 대박은 '신의 영역'임을 공감할 것이다. 게다가 예능도 드라마도 사건사고도 아닌 '강연'이라니. 잠을 줄여가며 의논하고 준비했지만 'MZ세대가 선호하는 메시지가 여기서도 매력적일까?', '잘 안 되면 어쩌지?' 하는 걱정은 그림자처럼 따라다녔다.

뚜껑을 열어보니 유튜브 조회수는 24만, 댓글창은 공감하는 글로 채워졌다.

기대 이상이었다.

그래서 더 행복했다.

•

"퇴근 후 시간,
천천히 발전하고 있는 제가 보여요"

최민아(언론사 콘텐츠 에디터, 일러스트레이터, 굿즈 디자이너)

어릴 때부터 그림 그리는 게 좋았고, 제가 그린 그림으로 사람들과 소통하는 걸 좋아했어요. 그래서 먼 훗날이라도 제 그림으로 브랜드를 만들어 제품을 출시하는 상상을 했죠. 미대를 진학하고 싶었지만 부모님이 반대하셔서, 어쩔 수 없이 적성과 다르게 '취업 잘되는 학과'를 선택했습니다.

예상은 했지만 적성과 다른 공부를 한다는 게 쉽지 않았어요. 왜 이 학문을 배워야 하는지 모르겠어서 방황하기 일쑤였죠. 그렇다고 용기가 충분했던 것도 아니에요. 지금 하고 싶은 걸 해보겠다고 모든 걸 새로 시작하려니 불안했죠.

무수한 고민 끝에 중간 결론을 내려봤어요. 방황을 잠시 접어

두고 내가 좋아하는 그림을 그려보기로 했죠.

'직장을 안정적으로 다니면서 사이드 프로젝트로 그림을 그려보자.'

꿈을 추구할 용기와 'K-취업난'에 맞서 싸워나갈 담대함이 부족한 제 성격과 타협한 결론이었습니다. 집과 회사가 너무 멀어서 출퇴근 시간까지 합치면 총 11시간이 회사에 들어가요. 퇴근 후에도 피곤해서 제 시간을 갖기가 쉽지 않았어요. 하지만 지금은 평일 퇴근 이후 한두 시간은 그림을 그리고 SNS로 사람들과 소통하며 보내고 있습니다. 제게는 황금 같은 시간이에요.

그림을 업으로 삼은 분들보다 속도는 느리지만 천천히 발전해 가는 저를 보면서 자신감이 생겨요. 언젠가는 지금보다 더 좋은 기회가 찾아올 거라 믿고 있습니다. 회사에 다니고 있으니 그림을 그리면서도 경제적으로 불안하지 않고, 그림을 그리니 직장에서 스트레스 받아도 쉽게 지치지 않을 수 있어서 좋아요. 짧은 시간 이지만 제가 어릴 때부터 꿈꿨던 미래를 조금씩 선명하게 만들고 있는 것 같아서 행복감을 느낍니다.

내가 하고 싶은 것 알아내기

나의 꿈 탐색, 경험 리스트로 시작하기

다음 페이지의 내용은 나의 대학교 1학년부터 2021년 4월까지의 경험 리스트다. 참으로 치열한 시간들이었다. 도대체 난, 이때의 난 무엇 때문에 이렇게 애써서 살아온 걸까.

 파리 기호학파의 창시자이자 현대 기호학의 아버지로 평가받는 알기르다스 줄리앙 그레마스는 모든 이야기의 시작을 '결핍'이라고 말한다. 저 멀리 고전문학까지 갈 것도 없다. 디즈니의 대표적 성장서사 〈뮬란〉은 시대상에 억눌린 성차별에 대한 저항적 외침이었고, '내가 아이언맨인가, 슈트가 아이언맨인가!'를 고민하던 토니 스타크는 인티니티 사가의 종착점에서 타노스로부터 우주를 구한 진정한 영웅으로 다시 태어난다. 주인공이 결핍을 해소하

조재형의 경험 리스트

2006년 ┃ 21세
건국대 커뮤니케이션학과 입학 / 1학년 과대표 / 영상학회 '구름사다리' 가입 / RTV 〈달리는 대학, 청년을 말한다〉 건국대 제작팀 / 〈대학내일〉 대입수기 공모전 당선

2007년 ┃ 22세
Daum 미디어봉사단 '다미' 2기 파견 / 다미 3기 워크숍 메이킹 스태프 / 한국인재연구원 대학생 명예기자 / 다음세대재단 '유스보이스' 미디어 컨퍼런스 참가 / 2학년 과대표 / 노래공연모임 '하늘소리' 창립 / 하늘소리 첫 공연 / 문과대학 가을 축제 오프닝 공연 / 미국 동부 여행

2008년 ┃ 23세
유스보이스 사전제작지원작 당선 / 크리에이티브 커먼스 코리아 컨퍼런스 메이킹 스태프 / 캄보디아 여행 / 군입대

2009년 ┃ 24세
사진공모전 도전했으나 대부분 낙방 / 포토리그 여름사진공모전 입선

2010년 ┃ 25세 : 첫 번째 부스팅
제대 / 내셔널지오그래픽 사진 콘테스트 우수상 / 문화체육관광부 문화PD 5기 / 문화PD 교육 수료 / MBC아카데미 방송제작실무과정 수료 / 빛공해사진공모전 장려상 / 그린스타트 디지털 사진공모전 장려상 / 제1회 소셜기부 사진전 / 영상학회 복귀 / 건국대 교내 영상 콘테스트 장려상 / 사진전 위주 블로그 운영

2011년 ┃ 26세
커뮤니케이션학과 학생회장 / 사진동아리 창립 / 건국대 글쓰기 대회 논증 부문 3등 / 제2회 소셜기부 사진전 / 유럽 사회문화탐방팀 선발 / 사진 커뮤니티 '4zine' 가입 / 아름다운가게 아동봉사 / 한겨레 아카데미 언론사 입사 준비반

2012년 ┃ 27세 : 두 번째 부스팅
스포츠서울닷컴 인턴 입사, 연예현장 위주 취재 / 국방부 국방홍보원 PD, 비렉트 프리랜서 PD, 위즈돔 라이프 큐레이터 1기(최우수팀 선정) / 애드라떼 광고영상 공모전 2위 / 빅이슈코리아 영상재능기부자 1호 / 유럽 사회문화탐방팀 파견 / 〈잡메이트〉 대학생 기자 / 〈잡메이트〉 대학생 인터뷰 참가 / 사진작업 '도시꽃 시리즈' Zako 웹매거진 소개

2013년 ┃ 28세
스포츠서울닷컴 영상취재기자 / 충암고등학교 진로 강연 / 인일여자고등학교 진로 강연 / 반려동물 사진공모전 가작

2014년 ┃ 29세
스포츠서울닷컴 영상취재기자 / 한국콘텐츠진흥원 인터뷰 / 이현중학교 강연

2015년 ┃ 30세
파이낸셜뉴스 기자로 이직 / 동백중학교 강연

2016년 ┃ 31세
유튜브 크리에이터 인터뷰 채널 오픈 / 다양한 기획기사 작성 / 요가콘텐츠 촬영 / 카드뉴스 제작 / 사회초년생 커뮤니티 프로젝트 '프리고' 진행 / 독서모임 참가

2017년 ┃ 32세 : 세 번째 부스팅
브런치 작가 선정 / 브런치 사진 에세이 연재 / 피키캐스트 개인 연재 시작 / 첫 책 《기자 어떻게 되었을까?》 출간 / 촛불집회 사진집 전자책 발간 / 서울사진축제 시민사진전 참가 / 태국 사뭇송크람 여행

2018년 ┃ 33세
기획기사 '확인해봄' 연재 / 피키캐스트 '멸종위기동물' 콘텐츠 연재 시작 / 다큐멘터리 사진집단 꿈꽃팩토리 수강 / 건국대학교 졸업생 강연

2019년 ┃ 34세 : 네 번째 부스팅
틱톡 '뉴스쿨' 오픈 / 그린피스 플라스틱 캠페인 영상 제작 / 카메라-렌즈 전문 리뷰 연재 / 기사 1건 국어 교과서 등재 / 을지로 재개발 다큐멘터리 〈보이지 않는 도시〉 사진전 / 《유튜브 크리에이터 어떻게 되었을까?》 출간 / 태백교육도서관 진로 강연 / 부산 꿈꾸는글나라 도서관 진로 강연 / 김호이의 사람들 인터뷰 / 채널예스 7문 7답 인터뷰 / 건국대학교 홍보실 인터뷰 / 291포토그랩스 작가 계약 / 에너지경제신문 칼럼 연재 / 크리에이터밤 토론 진행 / 태국 방콕 여행

2020년 ┃ 35세
세바시 콘텐츠제작팀장 / 《PD 어떻게 되었을까?》 출간 / 특허청 발명기자단 기자 교육 진행 / 세운소풍 사진워크숍 진행 / 중국인 유학생 박사연합회 강연 / 목포대학교 문화콘텐츠학과 강연 / 괴산고등학교 강연 / 광일중학교 강연 / 부안여고 가리사니 인터뷰 / 남양주 '식물없는 식물원' 사진 판매

2021년 ┃ 36세
77일 독서루틴 프로젝트 '출책' 진행 / 유튜브 '요즘 것들의 사생활' 인터뷰 / 유튜브 '나만의 진로가이드' 인터뷰 / 동덕여자대학교 강연 / 원주교육문화관 강연

는 여정이 바로 이야기이며, 결핍은 성장을 욕망하는 가장 본질적인 촉매로 작용한다.

스물한 살의 나는 불안했다. 학교-학원-집을 반복하며 시키는 대로 살아온 10대를 마무리하고, 자유와 책임을 배워야 할 20대를 시작했다. 시키는 대로만 살았으니 좋아하는 것도, 잘하는 것도 명확하지 않았다. 하고 싶은 건 많았지만 당시 나는 대부분의 친구들처럼 '입시'에 충실하는 게 먼저였다. 그런데 그 입시마저 나를 배신했다. 원하는 결과를 얻지 못해 재수를 했고, 1년 전과 거의 똑같은 성적표를 받아들었다. 말 그대로 1년을 버린 기분. 나에게 그럴 자격이 있다면 닥터 스티븐 스트레인지에게 부탁해 딱 1년만 시간을 돌려달라고 부탁하고 싶었다.

〈슈퍼스타K〉, 〈K팝스타〉, 〈프로듀스 101〉, 〈쇼미더머니〉, 〈고등래퍼〉 그리고 최근 열풍을 몰고 온 트로트 경연까지, 서바이벌 프로그램이 인기다. 우리는 이런 프로그램에서 수백, 수천 명의 참가자가 치열하게 맞붙어 살아남아야만 성공을 맛볼 수 있는 지독한 경쟁을 마주한다. 과정이 가혹할수록 시련을 극복한 주인공의 서사도 빛나는 법이라 우리는 이것이 저것 같은 판박이 프로그램을 비난하면서도 내심 새로운 영웅을 기대하게 된다. 몹시 이중적이다. 나아가 그들을 부러워하기도 한다. '저 친구들은 적어도 좋아하는 게 뭔지는 알고 있잖아' 하는 마음으로. 경쟁에 피로를 느끼면서도 한편으로 그들을 부러워하는 이유는, 성공하든 실패하든 원하는 목표를 달성하기 위해 매진하는 그들의 모습이 우리와 대조되기 때문 아닐까.

어른들은 '대학생이 되면 네가 하고 싶은 거 다 할 수 있어!'라고 말했다. 예나 지금이나 많은 어른들이 애용하는 클리셰다. 영화에서 클리셰는 잘못 사용하면 진부한 독이 되지만, 상황에 따라 충분히 관객에게 감정적인 만족감을 준다. 어른들의 말을 현실로 만들고 싶었다. 비록 하고 싶은 것은 추상적이었고 경험해본 것도 없지만 내 꿈의 모양을 만들어가다 보면 걸어야 할 방향을 알 수 있을 거라는 기대가 나를 움직였다.

〈느낌표〉라는 예능 프로그램이 인기몰이를 시작했을 때 나는 중학생이었다. 이제는 전설이 된 〈무한도전〉이 MBC '올해의 예능 프로그램상'을 수상하기 1년 전, 같은 상을 받은 작품이다. 〈느낌표〉는 교양과 예능을 결합한 '인포테인먼트'의 원조격 프로그램이다. 국민을 대상으로 책읽기 캠페인을 벌이고, 가출 청소년, 외국인 노동자 문제 등 공익적인 주제를 재미있게 풀어내 큰 박수를 받았다. 그때부터 막연하게 대중이 필요로 하는 '정보'를 알려주거나 '선한 영향력'을 펼칠 수 있는 콘텐츠를 만들고 싶다고 생각했다.

하고 싶은 게 뭔지는 일단 알겠고, 그게 진짜 나와 맞는지 부딪쳐보자

특별한 경험이 없으니 교내 활동부터 차근차근 시작해보기로 했다. 다행히 시작부터 운이 좋았다. 1학년 2학기에 창립한 학과 영상학회 '구름사다리'가 방송사의 '퍼블릭 엑세스(시청자 참여)' 프로그램을 돌아가며 제작하는 전국 14개 대학교 중 하나였기 때문이다. 중고등학교 방송반 활동도 못해본 내게 30분 분량의 프로그램을 만드는 미션이 떨어졌다. 함께 시작한 선배들도 영상 제작 실력은 고만고만해 우리는 한동안 맨땅에 헤딩만 계속해야 했다.

첫 촬영지였던 명동은 감히 대학생이 커다란 카메라를 들고 나설 만한 곳이 아니었다. 카메라 촬영 버튼만 누르면 옷가게 주인, 노점상, 행인들의 거센 항의를 받았다. 노숙하던 어르신과 싸울 뻔한 일촉즉발의 순간도 있었다. 카메라가 향한 방향이 그분이 걸어오던 쪽과 비슷해서 어르신이 크게 놀란 것이다. 당연히 그분을 찍고 있지 않았으니 '어르신을 찍은 게 아닙니다'라고 안심시켜드리려 했지만 이미 흥분할 대로 흥분해버린 어르신의 기세는 20

대 초반의 대학생들이 감당하기 벅찼다.

아무튼 연합 동아리 활동을 겸한 덕분에 모두의 부족함이 조금씩 채워졌다. 한걸음씩 성장하는 기분이 들었고 난공불락의 퍼즐을 맞춰가는 느낌도 들었다. 이 활동을 시작으로 졸업 전까지 대외활동만 24개를 수행했다. 공모전과 일일 봉사활동을 더한 수치다.

좋아하는 것, 하고 싶은 것을 중심으로 경험을 쌓았으니, 이제 24개의 구슬을 어떻게 꿰어 보배로 만들 것인지가 중요했다. 먼저 이 경험들을 구분해봤다. 사진이 7개, 영상이 11개, 글쓰기가 3개였다. (봉사활동 같은 기타 경험 3개.) 덕분에 콘텐츠 창작자로서 내가 가진 역량을 찾아낼 수 있었다. 말 그대로 사진, 영상, 글이다.

역량을 찾아냈으니 다음은 방향성이었다. 모든 경험이 소중했지만 유독 특별하게 느껴지는 경험이 있다. 5가지 활동을 꼽아봤다.

1. 시민방송 RTV 〈달리는 대학, 청년을 말한다〉 제작팀

2. Daum 미디어봉사단 다미 2기

3. 내셔널지오그래픽 사진 콘테스트 우수상

4. 위즈돔 라이프 큐레이터 활동

5. 소셜기부 사진전 참가

1번은 영상을 처음 시작하게 했고, 3번은 사진에 자신감을 심어준 경험이다. 그리고 2, 4, 5번은 내 나름의 선한 영향력을 펼칠 수 있었던 경험이었다. 대학교 2학년 여름방학 때 동기들과 경남 합천군의 한 분교로 봉사활동을 떠났다. 분교 아이들에게 미디어 교육을 하고 부모님, 선생님, 동네 어르신들을 모아 아이들이 만든 영화를 상영하는 활동이었다. 때로는 온 힘을 다해 아이들과 놀아주기도 했다. 한 친구를 번쩍 들어 인생 첫 덩크슛을 선사하자 그걸 지켜보던 다른 아이들이 너도나도 덩크슛을 하고 싶다고 달려들던 순간이 아직도 생생하다. 한여름 무더위에 쉬운 활동은 결코 아니었지만, 모든 미션이 끝나고 한동안 아이들에게 걸려오는 전화를 받으며 마음이 따뜻해졌다.

4번은 대규모 강연의 아쉬움을 해결하기 위해 '원테이블 멘토링'을 기획한 활동이었다. 멘토링을 통해 궁금한 점을 물어보고 새로운 관계도 맺는, 교류의 장을 만드는 일이었다. 요즘 인기가 많은 온-오프라인 클래스의 프로토타입 같은 성격에 가까웠다.

마지막으로 트위터에서 아마추어 사진가들이 모여 각자의 역량을 발휘해 전시를 열고, 수익금을 소아암센터와 소년소녀가장들에게 기부했던 기부사진전도 인상 깊은 경험이었다. 액자 제작 업체를 운영하던 멤버는 전시회 액자를 제작하고, 캘리그라퍼로 활동하는 멤버는 전시회 타이틀을 멋들어지게 만들어주셨다. 전시 기획과 캠페인, 홍보, 마케팅 등 모든 과정이 모임 내에서 완벽하게 이루어져, 말 그대로 '집단지성'의 힘을 실감한 경험이다. 대학생이던 나는 그저 바라보며 감탄만 했지만, 언젠가 또 이런 경험을 해보고 싶다는 자극이 됐다.

'미디어를 통해 선한 영향력을 전할 수 있는 사람', 이것이 지금까지 내가 하고 싶은 일이다. 취업 후 을지로 재개발의 문제점을 사진으로 기록한 시간도, 진로 서적 시리즈를 펴낸 것도, 2013년부터 진로 강연을 계속하는 것도 모두 같은 꿈을 나만의 모양으로 만들어내는 작업이다.

그러나 한편으로는 '선한 영향력'이라는 말처럼 뭔가 있어 보이면서도 막연한 단어가 또 없다. 소명을 방향으로 만들기 위해 '선한 영향력'의 모양을 구체적으로 만들 필요가 있었다.

내가 할 수 있는 일부터 해보기로 했다. 대학에서는 선배보다 후배가 훨씬 많은 환경이었기에 후배들이 진로 상담을 요청하는 일이 잦았다. 그런데 정작 스물일곱 살에 첫 직장을 가진 후에는 앞으로 내 커리어를 어떻게 만들어가야 할지 막막했다. 아직까지 우리 공교육이 진로가 아닌 '입시'를 중심으로 돌아가고 있는 탓이다. 나와 같은 고민을 하는 사람들이 줄어들었으면 좋겠다는 생각을 했다. 자신의 미래를 상상하기 어려운 교육 현장의 맹점을 보완하는 데 내 에너지와 열정을 나눠보고 싶었다.

학창시절 진로교육을 제대로 받아본 적 없는 내가 펼칠 수 있는 '선한 영향력'을 '꿈'에서 찾기로 했다. 누군가의 꿈을 찾는 조력자dream-seeker가 되면 내 삶도 가치 있지 않을까. 취업 이후인 2013년부터 2021년까지 기자, 유튜브 크리에이터, PD의 직업 정보를 알려주는 책을 쓰고, 책을 기반으로 강의할 수 있는 범위와 깊이를 더해가는 시간을 보낸 이유다. 그리고 다행히 내 노력이 헛수고는 아닌 것 같다.

"PD님과의 인터뷰를 통해 내가 피우고 싶은 꽃은 무엇일까 고민해볼 수 있었어요. 제 미래를 그려보고, 꿈을 돌아보며 추진력을 얻을 수 있었던 경험이었습니다. 뜻깊은 시간을 만들어주셔서 감사합니다." (부안여고 학생의 편지 중)

회사 일과 함께 나만의 딴짓을 시작한 지도 꽤 많은 시간이 흘렀다. 20대 때나 30대로 살아가는 지금이나 같은 꿈을 꾸지만 조금 다른 방향으로 꿈꾸고 있다. 기자로 일하는 동안 나는 다른 사람들의 멋진 이야기를 세상에 전하는 역할을 해왔다. 지금도 세상에 공유할 만한 이야기를 발굴하고 인터뷰하는 일이 즐겁다. 사람을 만나고 인터뷰를 나눴던 시간은 기자라는 직업이 선물한, 멋진 재능을 쌓는 시간이었는지도 모른다.

햇수로 사회생활 10년 차가 된 지금, 이제는 남의 이야기가 아닌 내 이야기도 적극적으로 세상에 전하는 사람이 되고 싶다. 이야기의 '전달자'에서 '주체'로 무게중심을 조금씩 옮겨보려 한다. 강연을 여러 차례 해오면서, 책을 쓰고, 사진 작업을 하면서 누군가 내 생각에 동의하고 지지한다는 것이 얼마나 멋진지 깨달았기 때문이다.

계속 시간을 쌓아가다 보면 언젠가는 누군가의 레퍼런스가 되는 삶도 꿈꿔볼 수 있겠지.

경험 리스트 작성하기 :
내 인생의 방향을 찾는 법을 알고 있나요?

***

많은 자기계발서가 '좋아하는 것', '잘하는 것'을 찾으라고 말합니다. 저도 여기서 자유로울 수는 없습니다. 내 인생의 방향을 미리 알 수 있다면 얼마나 좋을까요?

그러나 애석하게도 내가 좋아하는 일을 확실하게 알고 미래를 준비하는 사람은 소수입니다. 일단 지금 끌리는 일을 실행해보고 주기적으로 경험을 정리해 어떤 역량을 쌓았는지, 부족한 점은 무엇인지, 그래서 어떤 방향으로 나아가고 싶은지 확인해야 합니다. 경험이 서 말이어도 꿰어야 보배입니다. 지금부터 함께 '경험 리스트'를 작성해볼까요?

① 문서 프로그램이나 노션 등의 앱을 실행해주세요. 직접 손으로 적어보셔도 좋습니다.

② 표를 만들어 지금까지 쌓아온 모든 경험을 연도별로 나열해주세요.

③ 여러 경험 중 뜻깊게 남았던 경험을 선정해주세요.

④ 선정한 경험이 왜 뜻깊게 느껴졌는지 이유를 적어보세요.

20○○년 경험 리스트

- _____

- _____

- _____

의미 있는 경험 : _____

이 경험이 의미 있는 이유

- _____

- _____

- _____

〔예시〕 조재형의 경험 리스트

2007년(22세) 경험 리스트

- Daum 미디어봉사단 다미 2기 선발
- 한국인재연구원 대학생 명예기자
- 노래공연 동아리 하늘소리 창립
- 미국 동부 여행

의미 있는 경험 : Daum 미디어봉사단 다미 2기

이 경험이 의미 있는 이유

- 정보 소외 지역에 미디어교육 진행
- 집에서 한마디도 하지 않던 사춘기 학생이 파견기간 동안 부모님께
  '요즘 재밌다'고 말하기 시작한 것
- 활동 종료 후에도 꾸준히 아이들에게서 연락이 왔음
- 미디어로 세상을 바꾸는 경험을 함

  직업이 나도 모르는 사이 내 역량을 개발해줄 수도 있습니다.
앞에 적었듯이 제가 대학생 시절 경험한 24가지 대외활동은 크
게 사진, 영상, 글쓰기로 나뉩니다. 사진과 영상으로 활동도 많이
하고 상까지 받았으니 취업준비생으로서 제가 가진 강점은 이 두

가지였을 겁니다. 그런데 취업 이후부터 현재까지의 경험을 보면 글쓰기가 압도적으로 많습니다. 기자로 일하면서 글을 쓸 일이 학창시절보다 늘어난 데다, 책을 쓰고 인터뷰를 진행하며 글쓰기를 통해 성취감을 여러 번 느꼈기 때문입니다. 이처럼 흥미와 강점은 유동적으로 변합니다. '티끌 모아 태산'이라는 말처럼 경험의 파편을 모아 우리 인생의 방향성, 내 삶을 의미 있게 만드는 한 가지 소명을 발견해봅시다.

꿈을 이루는 나만의 구조 찾기

대기업 7년 차 직장인인 김두식(가명) 씨는 1년째 미라클 모닝 중이다. 날마다 새벽 5시 반에 일어나 침구를 가지런히 정돈하고 조깅을 한다. 팔굽혀펴기 15회씩 2세트, 스쿼트 20회씩 3세트도 필수다. 장마철같이 궂은날에는 조깅 대신 스트레칭을 한다. 운동 후 샤워를 마치면 개운하니 기분이 좋다. 개운함을 이어가기 위해 한 시간 동안 책을 읽는다. 출근은 여느 직장인들과 같은 9시. 출근길 30분 동안 유튜브에서 자기계발 영상을 본다. 최근에는 작가가 되기 위해 출판 스터디에 가입했다. 퇴근 시간은 오후 6시, 매주 화요일은 줌에서 스터디 멤버들을 만난다. 매일 좋은 문장을 채집하고, 짧은 분량이지만 글을 쓴다.

2016년 출간된 동명의 책 《미라클 모닝》이 큰 반향을 일으켰다. 코로나19로 회식과 외부활동 시간이 고스란히 남은 사람들은 그 시간을 자신을 위해 활용하고 있다. 미라클 모닝, 독서모임, 달리기 모임, 온라인 클래스 수강, 글쓰기 챌린지 등 저마다 자신에게 맞는 방법으로 루틴을 만들고 있다. 성공을 위해 달려오기만 했던 애처로운 나를 돌보고 작은 성취를 통해 자존감을 높이기 위해서다.

그렇다면 이때쯤 내가 실행하고 있는 루틴을 소개하는 게 정석이겠지만, 애석하게도 내게는 미라클 모닝 같은 기적적인 루틴이 없다. 2021년에야 비로소 독서습관을 조금이나마 만들 수 있었던 작심삼일의 화신이 바로 나다.

변명을 해보자면 미라클 모닝이 가능하도록 일찍 자야 하는데 그러지 못했다. 기자일 때는 저녁 일정이 왜 그리 많았는지. 친구와 맛있는 인도식 커리를 먹다가 출동하라는 전화를 받고 노원에서 서래마을로 달려간 날도 있었다. 장례식 발인 취재가 배정되면 평소보다 두 시간은 일찍 일어나야 했다. 지금도 마찬가지다. 언택트 사회가 되면서 대부분의 라이브 방송은 저녁 시간에 이뤄진다. 예나 지금이나 직업적인 생활패턴이 꽤 불규칙한 편이다. 불규칙한 삶을 살 수밖에 없었던 숙명적인 이유로 미라클 모닝은 불가능했다.

그래도 의지만 있으면 가능하다고, 핑계일 뿐이라고 생각할지도 모르겠다. 실제로 나 또한 '나는 의지가 부족한 걸까?' 같은 질문을 스스로 되뇔 때가 있다. 나뿐 아니라 많은 이들이 목표를 세우고 실패하기를 반복하며 자신의 의지를 책망한다. 하지만 의지를 함부로 탓할 필요는 없다고 본다. 배운 게 구조주의인지라 나는 뼛속 깊은 구조주의자다. 의지로 난관을 극복하기보다는 목표를 이룰 수 있는 상황을 구축하는 것이 훨씬 합리적이라고 생각하는 편이다. 루틴을 만들기 어렵다면 '나만의 구조', 목표를 이룰 수 있는 실행법을 만들면 된다.

내 이야기를 세상에 전하고 싶다면 글이든 영상이든 이야기를 쌓아가야 한다. 이야기를 쌓기 위해 생각이 떠올랐을 때 바로 옮겨 적는 습관을 유지하고 있다. 조금 더 있어 보이게 말하면 '영감을 놓치지 않으려는 사람'이다. 글감이 떠오르면 스마트폰 메모장이나 내 카톡방에 바로 적는다. 짧으면 문장 하나, 길면 A4 용지 한두 장 정도를 빠르게 써내려갈 수 있다. 자려고 침대에 누웠다가 예술가적 스파크를 느끼고 일어나 몰아치는 생각을 휘갈긴 날도 있는데, 그 바람에 각성 상태가 되어 늦게 잠들긴 했지만 영감을 흘려보내지 않을 수 있어서 다행이었다.

베트남 나트랑으로 워크숍을 떠나던 날, 무척 오랜만에 인천국제공항을 찾았다. 설레는 마음도 잠시, 당장 밀린 원고를 채워내야 했다. 새 직장에 적응하느라 분투 중이어서 책 원고에 손을 대지 못하고 있었던 것이다. 규칙적인 기록 루틴을 갖고 있지 못해서, 얼핏 들으면 쉬워 보이는 '하루 한 문단 글쓰기'도 그때는 벅찼다. 일상이 바쁘고 정신없으니 사무실이나 카페에 앉아 차분히 글에 집중할 여유도 당연히 없었다.

팀원들보다 2시간쯤 일찍 공항에 도착했다. 출국장에 울려 퍼지는 영어 안내방송이 일상에 지친 내 마음을 환기해주고 있을 때쯤, 챙겨온 메모장을 폈다. 익숙한 공간을 벗어나 새로운 출발이 연상되는 공항에서 나는 미친 듯이 몰입해 글을 썼다. 막혔던 보가 터진 것처럼 나트랑 깜란 국제공항에 도착할 때까지 기내에서 무려 세 편의 글을 썼다. 초안이라 100% 만족스럽지는 않았지만, 정체된 나를 극복하고 세 걸음 나아갔다는 사실이 좋았다.

미라클 모닝에서 중요한 것은 '모닝'이 아닌 '미라클'이다. 시간은 중요하지 않다. 이른 아침이든 잠들기 직전의 늦은 밤이든 기적을 만들 수 있는 시간대를 찾는 게 더 중요하다. 마찬가지로 루틴이 꼭 일 단위여야 할 필요도 없을 것이다. 날마다 글을 쓸 수 있는 상황이 아니었던 나는 글 쓰는 목표치를 주 단위로 변경했고, 한 주에 세 편을 쓰기로 했다. 퇴근하면 체력이 단 1g도 남지 않았지만 그래도 주중에 한 편은 쓰려고 시간을 쪼갰고, 주말에는 무조건 두 편을 썼다. 간혹 아이디어가 빨리 떠오르는 날에는 그 이상을 쓰기도 했다. 하루하루 목표를 이루려 아등바등하는 것보다 내 상황에 맞는 목표와 루틴을 짜는 편이 더 효과적이다.

몰입은 인터뷰를 정리하는 데에도 도움이 됐다. 첫 책인 《기자 어떻게 되었을까?》를 펴낸 뒤 두 번째 책인 《유튜브 크리에이터 어떻게 되었을까?》를 쓰기로 마음먹었다. 인터뷰가 전체 분량의 절반 이상을 차지하는 책이라 원고 작성에 소요되는 시간을 획기적으로 줄이기 위해 실행 원칙을 하나 정했다. 인터뷰 초고는 인터뷰한 다음 날까지 무조건 정리한다는 것이었다.

빠른 마감은 기자로 일하면서 쌓은 업무 습관이었는데 딴짓에도 도움이 될 줄이야! 대화의 기억이 몸에 남아 있을 때 내용을 정리해야 문장에 담긴 뉘앙스를 잘 살릴 수 있다. 내 생각이 아닌 타인의 생각을 담은 글이기 때문에 정리는 빠를수록 좋다.

퇴근 이후, 그리고 주말에 책을 쓰기 위한 인터뷰를 잡았다. 부산에서 활동하는 팀을 만나러 뜻밖의 당일치기 여정을 떠난 날도 있었지만 힘들지는 않았다. 인터뷰 시간을 줄이는 간단한 '구조'를 짠 덕분에 딱 두 달 만에 전체 원고를 완성할 수 있었다.

아직까지 나는 체계적으로 설계된 루틴보다는 몰입이 주는 힘을 믿는다. 언젠가 체력적인 한계를 느낄 테니 숨 쉬듯 습관적으로 글을 써야 하는 때가 오겠지만(그편이 더 효율적이기도 하겠지만), 아직은 몰입하는 나를 버리고 싶지 않다. 몰입이 목표를 이뤄내는 나만의 구조일 테니까.

롤모델 말고 레퍼런스

앞에서 성공한 혁신가의 삶이 만들어내는 '신화'에 물음표를 던졌던 것을 기억하시는지. 위인이나 유명인들의 삶은 멋지고 화려해 보인다. 그들이 만든 신화는 참으로 공고해서 때때로 비도덕적인 선택을 하더라도 구렁이 담 넘어가듯 은근슬쩍 넘어가게 된다. 목표를 위해 불가피한 선택이었다는 식으로 말이다.

　기자라는 직업상 사회적으로 인정받는 유명인들의 민낯을 누구보다 가까이서 보곤 했다. 하루가 멀다 하고 물의를 일으키는 정치인은 말할 것도 없고, 일부 기업 총수(와 가족)나 고위 관료는 한국 사회에 만연한 '갑질'을 화두로 끌어올린 장본인들이다. 그중에서도 취재 현장에서 가장 온도차가 큰 인물들은 연예인이다. 포토월에서 환하게 웃으며 카메라를 향해 인사하던 사람들이 세상을 다 잃은 표정으로 고개를 숙인 채 법원에 출두한다. 제작 발표회나 쇼케이스, 시상식에서 봐야 할 사람들이 탈세, 마약, 원정도박, 성매매 혐의로 카메라 앞에 서 있다. 그렇게 법원에서 만난 연예인 대다수는 몇 년이 지난 지금, 은근슬쩍 복귀해 활동 중이다.

이런 일도 있었다. 청소년을 위한 진로 정보를 담은 나의 첫 책에 인터뷰이로 등장했던 인물이 불법 촬영 현행범으로 체포된 것이다. 모 방송사를 대표하는 얼굴이었던 그는 지하철에서 한 여성을 몰래 촬영해 불구속기소됐다.

기사가 떠 있는 모니터를 멍하니 쳐다봤다. 더 고민할 것도 없이 새로 찍은 책을 전량 폐기하고 다시 찍었다. 출판사에는 작지 않은 손해였을 텐데, 우리의 생각이 같아 다행이었다. 다른 책도 아닌 '청소년'의 '꿈'을 위한 책이었기 때문에 당연히 해야 할 선택이기도 했다. 아무튼 예비 언론인들의 롤모델이자 멘토와도 같던 존재는 그렇게 무너졌다.

2010년대 초반은 '청년 멘토'들의 전성기였다. 그러나 자칭 타칭 멘토라 부르는 사람들이 잇따라 몰락하면서 대중은 유명인에 대한 섣부른 환상을 접었다. 대신 개인과 개인이 연대하기 시작했다. 나 역시 이때쯤 '멘토는 없다'는 생각을 굳혔다. 설령 물의를 일으키지는 않는다 해도 멘토 또한 신이 아니기에 평생을 완벽하게 살아낼 재간이 없다. 사회적으로 대단해 보이는 그들도 우리와 비슷한 고민을 해온 개인이며, 시행착오를 거듭하고 있는 불완전한 존재다. 우리는 서로의 불완전을 인정해야 한다.

멘토, 롤모델이라는 단어에서 느껴지는 권위, 경외감을 털어내고 주위를 살펴보자. 내 옆에 있는 사람들에게서 지혜를 얻고, 지식을 배우고, 위로를 찾자. 불완전한 우리가 연대해 서로의 조각을 채워나간다면 성장도 행복도 더 쉽게 찾을 수 있다.

언택트 사회가 된 지금은 멀리 떨어져 있어도 얼마든지 연결될 수 있다. 2021년 초 '요즘 것들의 사생활'이라는 유튜브 채널과 인터뷰를 나눴다. 평소에 나와 같은 고민을 하는 밀레니얼 세대의 영상을 보며 작은 팬심을 키워가던 차였다. 지하철 4호선 충무로역 인근 작업실에서 혜민, 백구 부부와 이야기를 나누며 기분 좋은 영감을 얻고 돌아왔다. 유튜브가 없었다면 알기 어려웠을 이들이다.

SNS도 마찬가지다. 알렉스 퍼거슨 감독의 '트위터는 인생의 낭비'라는 발언이 많은 사람들에게 진리처럼 받아들여지고 있다.

인터뷰 원문을 살펴보면 퍼거슨 감독의 진의는 조금 다른 것 같지만, 여러 유명인이 SNS에 남긴 '흑역사' 때문에 자가당착에 빠지는 걸 보면 정말 SNS는 인생의 낭비이자 쓰레기처럼 느껴지기도 한다. 진짜로.

하지만 SNS는 이점이 많다. 적어도 내 경험을 돌아보면 그렇다. 페이스북이 없었다면 2014년 한복 인터뷰에서 잠깐 보고 지나쳤을 허영주 씨의 드라마틱한 인생 반전을 알 수 없었을 거다. 그녀의 성장 스토리를 몰랐으면 세바시 강연자로 모실 기회도 없었을 것이다. 어떤 날은 페친이 공유한 아티클을 보고 새로운 글을 쓸 동기를 얻기도 한다. 해시태그도 영감의 원천이 된다. 인스타그램에서 '#filmcommunity'라는 해시태그를 팔로우하고 있는데, 전 세계 멋진 사진가들의 필름 작업을 한눈에 확인할 수 있어서 좋다.

이제는 우연히 본 책에서, 즐겨 찾는 유튜브 채널에서, SNS에서, 넷플릭스에서 언제든 내 삶에 영감을 주는 사람들을 만날 수 있다. 과거 우리가 위인전을 읽으며 그 삶에 감동받았다면, 지금은 다양한 채널에서 영감의 조각을 얼마든지 모을 수 있다. 중요한 건 어떤 존재를 우상화하는 것이 아니라, 그 사람에게서 배울 점과 아닌 점을 명확하게 구분하는 것이다. 2020년대를 사는 우리는 레퍼런스를 모으며 가치관을 만들어갈 수 있다. 그것이 인생의 '롤모델'보다 다양한 '레퍼런스'를 채집해야 하는 이유다.

　열대 바다에 서식하는 비늘돔은 1년에 1톤의 모래를 배설한다고 한다. 바다에 떠다니던 모래는 어느 지점에 이르러 쌓이기 시작하고, 시간이 지나 섬을 이룬다. 황량한 모래더미가 아닌 나무가 자라고 생물이 서식할 수 있는 멋진 생태계가 작은 물고기 떼로부터 탄생한다.

　요즘은 뜻이 맞는 사람들과 느슨한 크루를 만들고 있다. 창업 멤버처럼 의기투합해 성공하겠다는 게 아니라, 척박한 삶에서 쉽게 지쳐 망가지지 않도록 서로가 서로의 울타리가 되기를 바라서다. 작은 생명체의 배설물도 낙원을 만드는데, 우리라고 기적을 이뤄내지 못하리란 법은 없으니까.

원하는 것이 성공인가요,
성장인가요?

어김없이 질문 하나를 던져본다.

"시키는 대로 노력하면 정말 성공할 수 있나요?"

2020년 3월, 가수 양준일 님을 어렵게 세바시 무대에 모셨다. 그는 '뮤지컬 체어musical chair'로 이야기를 시작했다. 우리말로 의자 뺏기 게임. 대부분 유치원이나 초등학교 시절에 해봤을 놀이다. 참가자들은 동요를 부르며 인원수보다 1~2개 적은 의자 주위를 빙글빙글 돈다. 노래를 부르다가 신호가 떨어지면 재빠르게 의자 하나를 차지해 앉고 뺏기지 않게 온 힘을 다해 사수한다. 의자를 차지하지 못한 참가자는 게임에서 패배하며, 놀이는 최종 승자가 나올 때까지 의자를 하나씩 빼면서 계속된다. 양준일은 의자

뺏기 게임을 빗대, 경쟁사회 속에서 불행하다고 말하는 이들에게 위로가 되는 메시지를 전했다.

실로 우리 사회는 너무 많은 경쟁을 요구해왔다. 정점에 서기 위해서는 무수히 많은 경쟁을 이겨내야 한다. 모두가 성공이라는 한 가지 목표만 보고 경주마처럼 달려나갔다. 한눈파는 행동, 즉 딴짓은 성공을 방해하는 무가치한 것으로 비난받았다. '한눈팔지 말라', '딴짓하지 말라'는 말을 학창시절 내내 듣고 자란 기성세대는 치열한 경쟁에서 살아남고 성과를 내는 삶에 길들여졌다. 미디어가 '새로운 세대'라고 표현하는 밀레니얼과 Z세대라고 크게 다르지 않다.

문득 생각해본다. 누군가는 나락으로 떨어질 수밖에 없는 경쟁 시스템에서 과연 얼마나 많은 사람이 성공의 맛을 봤을까? 얼마나 많은 사람이 행복을 누리고 있을까?

1인자가 되고 싶다는 생각은 진즉 버렸다. 그 많은 경쟁을 이겨 낼 자신도 없고, 노력한다고 해서 이 시스템의 승자가 된다는 보

"경쟁 속에서 불행한 사람들에게 양준일이 전하는 이야기"

장도 없으니까. 대신 성장하고 싶었다. 성공만 바라보고 상처를 주고받으며 달리기보다 나만의 레이스를 펼쳐보고 싶었다. 회사에서 주어진 일에 책임을 다하는 동시에 사회인이 아닌 개인으로서도 어제보다 나은 사람이 되고 싶다.

몇 년 전만 해도 '개인의 성장'은 일부 청년들의 고민이었는데, 지금은 MZ세대를 관통하는 화두가 되었다. 경쟁사회를 살아낸 어른들도 점차 청년층의 고민을 응원하기 시작했다.

물론 다 그런 것은 아니다.

"요즘 친구들은 패기가 없어!"

"하고 싶은 것만 가려서 하려는 것 같아."

"너무 의지가 부족한 거 아냐?"

여전히 어떤 어른들은 후배 세대에게 아쉬움을 토로한다. 청년들을 비난하고자 하는 말은 아닐 것(정말 그렇다면 너무 슬프잖아)이다. 그러나 온 세상이 불황인 시대에 과거와 같이 성공만을 강조하는 방식이 언제까지 유효할까. 따져보면 지금 청년들은 기성세대 못지않게 도전적이다. 나아가 굉장한 욕심쟁이들일지 모른다. 어느 시대의 직장인들이 퇴근 후 피곤한 몸을 이끌고 자기계발 모임에 참여하고, 운동을 하고, 개인 방송을 제작하며, 또 다른 직업을 가진단 말인가. 오늘날의 청년들은 남다른 패기로 의지를 불사르고 있다. 다만 방향이 과거와 조금 달라졌을 뿐이다. 성공이 아니라 성장으로.

물론 성공과 성장이 이렇게 무 자르듯 딱 나뉘는 건 아니다. 당연한 말이지만, 성공이 나쁜 것도 아니다. 우리가 원하는 방향으로 성장하기 위해서도 성공은 필요하다.

이쯤에서 내가 가장 좋아하고 잘하는 유일한 운동을 소개해 보려 한다. 수영을 배워본 사람들은 알겠지만 처음에는 물에 뜨기도 어렵다. '맥주병이 나를 두고 하는 말이었구나' 하는 생각이 절로 든다. 수영 초보에게 깊이 1m가 넘는 메인 풀은 금단의 영역이다. 저 드넓은 바다와 크게 다를 바 없다. 초보자에게는 어린이용 작은 수영장에 들어가 벽을 잡고 물에서 뜨는 법, 숨쉬는 법을 깨우치는 게 먼저다.

그러고도 부족해 한동안 킥판의 도움을 받아야 한다. 가로 30cm, 세로 50m가량 되는 킥판을 두 손으로 잡고 레인을 왕복한다. 왕복하고 또 왕복하다 보면 호흡도 익숙해지고 폐활량도 조금은 늘어난다. 이때 선생님들은 비로소 손동작을 전수한다. 기가 막힌 타이밍이다. 다음은 자유형, 배영, 평영, 접영 순이다. 접영까지 마스터한 수강생에게는 오리발을 신고 물살을 가를 자격이 주어진다.

목표는 살짝 버거울수록 좋다. 여기서 포인트는 '버거움'이 아니라 '살짝'이다. 당장 달성할 수 있는 목표는 동기부여 측면에서 효과적이지 않다. 그렇다고 너무 거대한 목표만 바라보면 자칫 허황된 시간을 보낼 위험이 있다. 현재 내 상황을 정확하게 인식하는 게 중요하다. 쉬지 않고 50m를 헤엄치는 수준의 내가 당장 1000m를 왕복하는 건 무모하다. 하지만 시간을 두고 100m, 150m, 200m처럼 목표를 단계적으로 높이면 도전해볼 만하다.

개인의 성장도 수영과 같다. 대학교 2학년 때 처음 구매한 필름 카메라를 들고 몇 시간씩 돌아다니며 사진을 촬영한 날들이 없었다면 작은 대회에서라도 상을 받는 일은 없었을 거다. 어릴 때 부모님께서 시켜서 했던 국어 학습지를 통해 글을 썼던 시간은 성인이 되어 글쓰기를 익숙하게 대하는 기반이 됐을 것이다. 기사를 쓰고, 칼럼을 연재하고, 브런치에 에세이를 올리던 시간의 파편이 모이고 모여 지금 이 책을 내는 순간으로 이어졌다. 성장은 작은 성공이 쌓여 이루어진다.

작은 목표를 하나씩 이뤄내 보자. 작은 기회를 성공으로 만들어보자. 그 시간이 반복되면 우리는 무언가를 처음 시작했던 그날보다 몇 걸음은 더 걸어내고 있을 것이다.

무엇이 당신의 성장을 방해하고 있나요?

모두가 유튜브에 뛰어들 무렵, 나는 회사 유튜브 채널 3개를 운영하고 있었다. 그것도 혼자. 얼굴도 모르는 전임자들이 개설해놓고 퇴사해 1년 넘게 방치된 채널 하나, 멀쩡한 채널이 있는데 윗분들이 갑자기 개설하라고 해서 만든 채널 하나, 그리고 내가 원해서 오픈한 유튜브 크리에이터 인터뷰 채널 '덕터뷰'가 마지막 하나. 팀이 하기도 힘든 일을 혼자서 꾸역꾸역 해오던 어느 날. 지독한 번아웃이 찾아왔다. 무기력을 채울 무언가가 절실했다.

당시 신문사 뉴미디어 담당자로서 내 고민은 단 하나, '중장년층이 주로 소비하는 딱딱한 뉴스 콘텐츠를 어떻게 하면 젊은 대중에게 전할 수 있을까?'였다.

그런 마음에 말 그대로 뉴미디어를 차례차례 시험해보곤 했다. 2010년대 중반에 대유행이었던 피키캐스트에서 개인 연재를 시작했고, 이후 회사 유튜브를 맡았다. '콘텐츠=유튜브'라는 공식이 성립될 무렵이어서 언론은 유튜브가 아니면 새로운 대중을 만나는 것조차 쉽지 않았다.

유튜브를 보다가 틱톡을 알게 됐다. 유튜브에 비하면 틱톡은 극단적인 10대 중심 채널인 데다 '먹히는' 콘텐츠의 범위도 굉장히 제한적이었다. 유튜브 광고에서 본 틱톡은 그냥 예쁘고 잘생긴 댄서들이 나와서 춤을 추는 영상이 전부였다. 하지만 그래서 도전해볼 만하지 않을까 싶었다. 10대들에게 인기가 그렇게 많다는데, 어떤 서비스인지 알아보지도 않고 넘길 수는 없었다. 그리고 틱톡에서 할 수 있는 게 있다면 누구보다 빨리 뛰어들고 싶었다. '밀레니얼의 놀이터'였던 피키캐스트 에디터로 활동한 시간이 'Z세대의 놀이터'에서도 통할 수 있을지, 아이디어와 열정을 펼쳐보고 싶었다.

말은 거창하게 했지만, 역시 새로운 도전에는 두려움이 따르는 법이다. 과연 미남, 미녀, 몸짱, 모델, 아이돌이 넘치는 틱톡에서 뉴스가 설 자리가 있을까? 괜한 에너지 낭비를 하는 건 아닌가? 그러나 걱정한다 한들 두드려보기 전에는 모르는 일이었고, 두드리는 건 내가 가장 잘하는 일이었다. 우리 팀은 5가지 원칙을 세웠다.

1) 얼굴 공개는 없다(연예인급 비주얼이 아닌 바에야 감추고 만다!)

2) 챌린지 참가도 없다(춤추기 싫다!)

3) 우리가 말할 뉴스는 10대에게 끌려야 한다(10대가 좋아하는
   뉴스를 고르자!)

4) 우리 공간을 10대가 친근하게 느껴야 한다(딱딱한 공간은 만
   들지 말자!)

5) 오로지 콘텐츠로만 승부한다(홍보 예산이 없다…)

그렇게 2019년 1월 31일, 틱톡의 첫 뉴스 채널인 '뉴스쿨New-school'이 개설됐다. 10대에게 뉴스를 전해주는 친근한 선생님이 되고 싶었다. 기자라는 직함은 버리고 각자의 성을 따서 'ㅇ쌤'이 되었다. 그리고 10대들이 관심 가질 만한 뉴스를 골라 30~40초 짜리 영상을 제작했다. 15초로 만들 수도 있었지만 너무 내용이 없어서 자존심이 허락하지 않았고, 1분은 너무 지루할 테니까.

지금 생각해보면 뉴스쿨의 첫 슬로건은 참 애절했다.

"30초 안에 설명해줄게, 뉴스도 좀 봐주지 않을래?"

이 얼마나 구구절절한가. 한 시간이 멀다 하고 선남선녀들의 영

상이 추천되는데, 동정표라도 받아야지 어쩌겠나. 우리 콘텐츠에 '하트'가 찍히고 '댓글'이 달리기만 하면 감동의 눈물이라도 쏟을 준비가 되어 있었다.

자, 마음은 단단히 먹었고, 이제 콘텐츠의 모양을 만들어야 했다. 그 어떤 세대보다 자신만의 주관이 중요하다는 Z세대에게 어떤 뉴스를 보여줘야 할까. 고민 끝에 선택한 첫 영상의 주제는 '플라스틱 쓰레기 불법 수출' 사건이었다. 공정성을 중시하는 Z세대에게 환경 문제(특히 한국에서 발생한 쓰레기를 타국에 불법으로 팔아버리는 행위)는 널리 알릴 가치가 있을 거라 믿었다. 예상이 적중했는지 첫 영상부터 조회수 2만을 넘기며 괜찮은 성적으로 출발했다.

틱톡에 올렸던 모든 콘텐츠가 소중하지만 특별히 애정하는 영상이 몇 편 있다. 수십 년째 한국 중고생들의 이슈였던 교복 문제를 다룬 '서울시 교복자율화' 편이 그중 하나다. 그동안 교복자율화가 논의될 때마다 정작 당사자인 학생들의 의견은 등한시됐다. 10대들은 뜨겁게 반응했다. 조회수 15만, 댓글은 2000개가 넘었다. 청소년들은 우리 영상 안에서 열띤 토론을 펼쳤고, 날카로운 의견이 많아 댓글만 모아 따로 영상을 만들어 올렸을 정도였다.

메인 뉴스 프로그램에서 잠깐 다루고 말았을 이성 목욕탕(남자 어린이가 여탕에 가거나 그 반대의 경우) 출입 기준을 다룬 영상은 조회수 40만을 넘기며 최고 인기 동영상이 됐다. 학교폭력이나 동물권, 공용 와이파이 해킹 문제, 교육 문제, 10대 척추측만증처럼 기성매체가 잘 다루지 않는 뉴스가 우리의 무기였다. 청소년에게는 대통령 선거보다 교복과 척추측만증이 더 중요한 문제일 수 있기 때문이다.

팀원들의 실력도 발군이어서 우리는 100일 만에 100만 명이 사랑해준 채널이 됐다(1년 뒤 누적 조회수 약 500만). 영상 하나가 수백만에서 수천만 조회수를 기록하는 유튜브에 비하면 초라한 수치 아니냐고? 글로벌 1위 동영상 플랫폼과 10대 사이에서 이제 막 인기를 끌기 시작한 서비스를 굳이 비교하겠다면 할 말은 없지만, 모든 아이돌이 BTS가 될 수 없고 그럴 필요도 없듯이 우리 또한 새로운 가능성을 찾아 묵묵히 걸어갈 뿐이었다. 유튜브를 넘어서지 못해도 좋다. 틱톡은 내게 가능성 그 자체였으니까.

열정을 쏟은 시간이 1년을 채워갈 무렵, 어느새 나는 틱톡에서 처음으로 뉴스를 만든 사람이 되어 있었다. 새로움을 귀찮아하고, 천성이 팔로워인 내가 퍼스트 무버가 되는 시간을 걷고 있었다. 그러던 어느 날.

"안녕하세요, 한국기자협회인데요."

뉴스쿨을 만들기 전에 작은 욕심 하나를 가슴에 품었다. 기자 협회 기자들이 주목할 만한 챌린지를 하는 것, 그 도전의 가치를 증명하는 것이었다. 반드시 누군가가 알아봐줄 필요는 없지만 내 뜻에 따라 애써준 후배들 때문에라도 노력의 인정은 필요했다. 그 날이 언젠가 찾아와주길 바라며 우리는 하루하루 영상을 만들 어나갔다.

'뉴스쿨'을 지켜보던 사람들이 조금은 있었는지 우리를 언급한 기사나 블로그, 브런치 글이 간간이 검색되던 차에 기자협회에서 전화가 왔다. 언론사의 숏폼 운영사례를 찾던 중 우리 영상을 알 게 되었다고. 기사를 내고 싶다고 하는데, 마른하늘에 단비가 이 런 기분이구나! 날아갈 듯 기뻤다.

내게도, 팀원들에게도, 우리를 지켜봐주고 응원해주셨던 부장 님께도 기분 좋은 소식이었다. 젊은 독자에게 뉴스 콘텐츠를 확산 하는 건 언론사 디지털 부서의 숙명과도 같은 일이었으니 당연히 정식 보고가 올라갔다.

그러나 왜 항상 기쁨은 잠시뿐일까.

우리의 노력이 폄훼되는 건 바로 그다음 날의 일이었다.

"일은 안 하고 무슨 이따위 장난이나 치고 앉았어!!!"

우리 일에 도움 한 번 주지 않은 임원의 입에서 나온 말이다. 그 흔한 커피 한 잔 사준 적 없는 분이었다. 근거가 있는 비판이라면 겸허히 수용했겠지만 현실은 때로 상식 이하일 때가 있다.

종이 신문사의 동영상 제작자가 겪는 어려움을 말하라면, 농담 안 하고 과장 안 하고 하루 종일이라도 말할 수 있다. 방송국처럼 장비가 좋기를 해, 스튜디오가 있기를 해, 누가 찍어놓은 영상 데이터가 있기를 해, 그렇다고 영상을 아는 사람(잘하는 사람 말고 '아는' 사람!!!)이 있기를 해. 하나부터 열까지 일일이 고민하고 직접 실행해야 했다. 디지털 분야의 비전을 제시할 사람을 바란 것도, 평가할 자질을 갖춘 사람을 바란 것도 아니다. 등 한번 토닥여주는 사람도 없었다. 아무런 지원 없이 새로운 콘텐츠 채널을 구축했지만 돌아온 건 일방적인 분노(나한테 업무 지시한 적도 없으면서 대체 왜 화를 내는 거지?)와 무시였다. 착잡했다.

외부에서는 조금씩 인정받기 시작했는데 정작 내부 분위기는 엉망이었다. 어떤 피드백도 이뤄지지 않았다. 심지어 이것이 고질적인 문제임을 나 또한 잘 알고 있었다. 이대로 일할 수는 없었다.

그때 문득 취준생 시절 진행한 어느 잡지사와의 인터뷰를 떠올렸다. "앞으로의 꿈은 무엇인가요?"라는 상투적인 질문에 "취업

이오"라는 대답이 튀어나올 뻔했지만 그래도 인생의 방향에 대해 고민해온 바가 있어서 잠시 생각을 정리한 뒤 입을 열었다.

"지속가능한 미디어 크리에이터가 되고 싶습니다."

중고등학생 때 이미 '미디어'라는 큰 분야를 정했고, 하고 싶은 경험을 쌓아왔기에 어느 매체든 취업은 할 거라 생각했다. 그러면 미디어 종사자로서 어떤 구심점을 가지고 살아갈 것인지가 중요했고, 나는 미디어의 교육적 효과에 주목했다.

뉴스는 그동안 지역적 혹은 환경적인 이유로 정보에 소외되던 사람들에게 꼭 필요한 정보를 전달해줬다. 하지만 강산이 한두 번 바뀌면서 몇 개의 신문사와 방송사가 독점하던 미디어 시장을 이제 수만 개의 매체가 나눠 가지게 됐다. 그들은 취재 경쟁을 넘어 검색어를 두고 경쟁했고, 언론을 바라보는 국민들의 신뢰도는 바닥을 쳤다. 실시간 급상승 검색어로 인해 과잉정보가 발생하는 현상이 비단 언론사만의 책임은 아니지만, 언론이 해결해야 하는 문제라는 점은 분명했다.

대중의 눈은 높아져만 가는데 뉴스의 질은 크게 나아지지 않았다. 형식조차 과거의 것을 답습했다. 지금도 신문 1면을 펴보면 30~40대 화이트칼라도 이해하기 어려운 용어가 가득하다. 이런 고민을 하는 나조차 어릴 땐 뉴스를 챙겨보지 않았다. 트렌드에 민감한 젊은 세대가 뉴스를 볼 리 만무했다.

그래서 역설적으로, 10대에게 뉴스를 전하는 일은 그만의 가치가 있다.

변화가 필요한 시기지만 변화를 원하지 않는 사람들도 있다. 그들은 대개 새로운 도전이 싫다거나 밥그릇을 뺏어간다는 반응(시장이 다른데 밥그릇을 왜 뺏기나)을 보인다. 공부하지 않으니 변화를 따라갈 지식과 지혜는 부족해지며, 용기도 옅어진다. 큰 그림을 그릴 수 있는 지휘관이 없는 건 어찌 보면 당연한 귀결이다. 결과의 가치를 진단할 만한 사람이 없으니 투자도 이뤄지지 않는다.

'지속가능한 미디어 크리에이터'는 거창한 말 같지만 골자는 '좋은 정보를 우리 사회에 꾸준히 전하고 싶다'는 것이다. 한두 명이 고군분투해서 될 일은 아니었다. 투자가 이뤄지든지, 시스템이 마련되든지, 아니면 내가 떠나든지.

결단을 내려야 했고 몇 달을 고민했다. 결국 나는 8년간 정든 기자라는 직업을 잠시 내려놓고, 강연 전문 브랜드 '세상을 바꾸는 시간 15분'의 PD가 되었다.

내가 좋아하는 것과 잘하는 것이 무엇인지 모르는 사람들이 적지 않다. 이는 달리 말하면 실행해본 적이 많지 않다는 뜻이기도 하다. 좋아하는 것 즉 적성은 경험해봐야 알며, 잘하는 것은 천부적 재능이 있지 않은 한 일정 시간을 투자해야 거둬들일 수 있는 열매이기 때문이다.

　내 관심사 중 가장 해볼 만한 것을 찾는 것부터 시작하자. 그리고 경험을 쌓아가고 있다면 이렇게 정리해보자.

— 앞서 소개한 경험 리스트처럼 화살표를 그리고 그 위에 10대, 20대, 30대 또는 인생의 중요 분기점(대학 입학, 취업, 결혼 등)을 기준으로 언제 무슨 경험을 했는지 적는다.

— 화살표가 아니어도 된다. 표를 그려도 되고, 요즘은 노선 등 디지털 수단으로 정리하는 사람도 많다. 어느 쪽이든 당신에게 가장 익숙한 방식으로 정리하기 바란다. 화살표라는 선형 구조를 권유하는 이유는 앞선 경험이 이후 어떤 경험에 영향을 줬는지 직관적으로 이해하기 편하기 때

문이다. 아이디어 발상법으로 유명한 만다라트는 나를 둘러싼 성향과 경험을 파악하기는 좋지만, 시간의 흐름에 따라 내가 어떻게 변화했는지 알아보기는 어렵다.

— 나의 대외활동과 교내활동을 정리해보니 사진, 영상, 글쓰기 경험으로 압축됐다. 당신의 경험은 어느 키워드로 수렴되는가? 이렇게 찾아낸 것이 당신이 좋아하는 일, 그리고 잘하는 일일 가능성이 크다. 찾아낸 것들을 결합해서 시너지 효과를 도모할 수도 있다.

•

"사랑하는 사람과
사랑하는 일을 하는 삶이죠"

허영주(뷰시스터즈 대표, 틱톡 600만 크리에이터, 싱어송라이터)

600만 명이 사랑해주시는 틱톡 크리에이터, 사업가, 강연가, 직장인, 작가, 모델, 라디오 DJ, 싱어송라이터, 작곡가 등 다양한 일을 하며 살고 있습니다. 재미있다고 생각하는 것들에 과감히 도전하고 가능한 모두 하려는 편이에요.

월수금은 자유롭게 시간을 쓰고 있어요. 월요일은 '공부의 날'로, 미래를 위한 투자의 시간입니다. 제가 비전으로 삼고 있는 '5차원 교육' 수업을 듣고, 커뮤니티 회원들과 함께 '넥스트 빅 씽 next big thing'이 무엇일지 탐구해요. 수요일과 금요일은 콘텐츠 촬영, 광고·모델 촬영, 강연과 미팅으로 시간을 보냅니다. 화요일, 목요일은 트레저헌터로 출근해 직장인 모드로 일하고요.

일주일을 다채롭게 사는 것의 장점은 삶이 지루하지 않고 재미있다는 것! 하루하루 다른 내러티브가 펼쳐져서 재미있어요. 화목 출근 외에 나머지는 유동적으로 쓸 수 있다는 점이 내가 가진 시간의 가장 큰 장점인 것 같아요.

시간을 쓴다는 것은, 돈을 쓰는 것보다 더 큰 의미의 투자라고 생각합니다. 내가 어디에 어떻게 시간을 쓰느냐(투자하느냐)에 따라 나의 미래가치가 달라지기에 신중하게 시간을 분배하는 편입니다. 이를 위해 제가 정한 몇 가지 원칙이 있어요.

하나, 나에게 에너지를 주는 일만 한다. 에너지를 뺏기는 일은 하지 않는다.

하나, 나에게 에너지를 주는 사람들과 일한다. 에너지를 빼앗는 사람, 결이 맞지 않는 사람과 일하지 않는다.

하나, 잘하는 것을 한다. 잘하는 것에 뾰족하게 집중하고, 못하는 것에 욕심내지 않는다.

오랫동안 지속가능성을 가지고 일하기 위해서는, 나에게 에너지를 주는 일 위주로 삶을 채우는 것이 중요하다고 생각합니다. 각각의 일들이 시너지 효과를 일으켜 더 크게 성장할 수 있는 동력을 만들죠. 반면에 나의 에너지를 뺏는 일을 하게 되면 다른 일들도 영향을 받아요. 전체적인 삶의 만족도가 떨어지고 좋은 결과를 기대하기 힘들어지죠. 또 돈을 많이 주는 곳보다, 마음이 편하고 사람이 좋은 곳을 선택합니다. 마찬가지로 그래야만 지속가능성이 생기기 때문입니다. 마지막으로 제가 잘할 수 있는 일에 시간을 씁니다. 각자가 가진 달란트를 극대화하는 게 행복한 삶이라고 생각합니다. 내 것이 아닌 것, 내가 잘할 수 없는 일들에 집착하지 않고 잘하는 것에 집중해서 시간을 투자합니다.

저는 나의 일주일, 나의 한 달을 채우는 시간들이 만족스럽습니다. 내가 사랑하는 사람들과 사랑하는 일을 하고, 잘할 수 있는 일을 하기 때문이죠. 그중에서도 가장 크게 만족하는 이유는 함께하는 사람들을 사랑하기 때문입니다. 인생에서 가장 중요한 것은 '누구와 함께하느냐'라고 생각해요. 함께하는 사람들을 사랑하면 모든 과정을 즐길 수 있게 되죠.

내 시간은, 사랑으로 채워져 있습니다. 사랑하는 사람과, 사랑하는 일을 하는 삶이죠.

목표를 이루기 위한 시간 세팅하기

성장의 변곡점을 느껴본 적 있나요?

변곡점은 어떤 함수의 기울기가 변하는 지점을 가리키는 수학적 용어다. 그러나 여러 글에서는 '중요한 전환점'을 말하는 비유적 표현으로 쓰인다. 좋아하는 일을 조금씩 해내다 보면 성장을 앞당기는 경험이 찾아올 때가 있다. 돌이켜보면 나의 딴짓은 내 삶에 세 차례의 변곡점을 선사해주었다.

① 실험하고 확장하다 : 피키캐스트 연재

"형, 연재 한 번 안 해볼래?"

피키캐스트라는 서비스가 있다. '우주의 얕은 재미'를 표방하며 청소년과 대학생들 사이에서 높은 인기를 구가했던 애플리케이션이다. 한때 인스타그램을 제치고 '가장 많이 사용하는 앱 국내 2위(1위는 페이스북)'에 오른 적도 있다.

열정적인 모습이 매력인 동생이 여기서 일하고 있었다. 누구보다 부지런하고 새로운 정보에 대한 호기심이 많은 이 친구는 내게 '에디터' 직을 제안했다. 회사 일만 하느라 무료하던 차에 잘 됐다 싶었다. 모바일 뉴스 콘텐츠를 만드는 게 직업이었으니 못할 것 없겠다는 생각이 들었다.

기꺼이 제안을 수락하고 나니 욕심이 났다. 잘해야겠다는 조바심도 생겼다. 에디터 이름을 정하는 것부터 고민이었다. 사회문제를 다루는 에디터가 될 테니 기왕이면 풍자적인 닉네임이 좋겠다 싶었다.

한국에는 1억 원 이상 기부자들의 모임이 있다. 미국에서는 학업이 우수한 학생들의 모임을 부를 때 사용하기도 하는데 바로 '아너 소사이어티'다. 글자 하나만 딱 바꿨다. '너'를 '놔'로 교체해 '아놔소사이어티'로. 어감은 괜찮은 것 같았다. 한국과 해외에서 벌어지는 충격적이고 답답한 사회 이슈를 다루기에 적격이었다.

에디터로서 목표가 하나 있다면 내가 가진 채널을 공감과 토론의 장으로 만드는 것이었다. 기사를 써서 포털사이트에 내보내면 댓글이 달린다. 그러나 대중과 언론이 소통하는 창구는 되지 못했다. 언론사에서 일하며 매일 느낀 아쉬움이었다. 높은 조회수만 노릴 수도 있지만 그런 콘텐츠는 '어그로'가 강했고, 댓글에서 느껴지는 감정은 분노와 비난 일색이었다. 분노가 쌓인 공간에서는 소통이 불가능하다. 조회수를 조금 포기하더라도 내 글을 보고 유저들이 서로 대화할 수 있다면 좋겠다고 생각했다.

이름은 정해졌고, 주로 읽게 될 10대와 20대가 관심 가질 만한 소재를 선별해야 했다. 2017년은 소년법 강화와 사회 전반에 발생한 갑질이 화두였다. 사생팬도 여기선 구미가 당기는 소재였다. 10대에게는 그 무엇보다 민감한 이슈지만 사안의 심각성에 비해 기성 미디어는 크게 다루지 않는다. 미투 운동이 한창일 때는 피키 유저들이 익명으로 본인이 겪은 성적 피해를 공개하기도 했다. 이 글에 달린 댓글만 471개였다.

일주일 내내 지하철 화장실만 돌아다닌 적도 있다. 서울 지하철을 애용하는 분들은 아실 텐데, 5~8호선 역사 화장실에는 휴지통이 없다. 시민들이 쾌적하게 화장실을 이용할 수 있게 하려는 조치였는데, 2017년을 기점으로 1~4호선 화장실 휴지통도 사라졌다. 제도가 바뀌고 2개월이 지난 뒤, 잘 지켜지고 있는지 현장 점검을 해보기로 했다.

먼저 '휴지통 없는 화장실' 도입에 대한 찬반 의견을 설문으로

물었다. 약 7만 명이 참여한 투표 결과는 찬성 4만 6000, 반대 2만 4000.

"어라? 쓸데없이 관심이 뜨거운걸?"

기대도 안 했던 기대에 부응하고자 서울역, 여의도역, 홍대입구역 등 주요 지하철역 22곳의 화장실을 찾아갔다. 아쉽게도 드라마틱한 변화는 없었다. 무릇 변화에는 적응기가 필요한 법이다. 덕분에(?) 여러 역에서 악취를(과연 냄새뿐이었을까…) 감수해야 했다. 유저들이 지저분함을 무릅쓰고 서울 전역을 돌아다닌 나를 칭찬(이라 쓰고 위로라 읽는)해줘 다행이었지만. 내 생애 가장 더러운 취재였다.

연재를 시작하고 1년쯤 지났을 때, 새로 해보고 싶은 게 생겨 담당자에게 톡을 날렸다.

"저 다른 것 좀 해봐도 되나요?"

"네 말씀하세요."

"멸종위기동물 콘텐츠를 연재해보겠습니다!"

예닐곱 살 무렵 누가 장래희망을 물으면 습관적이고도 막연하게 과학자라고 답했다. 이때쯤 나는 자연과 우주, 화학실험을 다루는 교육용 비디오를 즐겨 봤다. 특히 생태에 관심이 많았는데,

지금도 생생히 기억나는 비디오 속 동물이 있다. 느릿한 속도로 얕은 바다를 유영하는 고래와 공룡 중간쯤의 생명체 '매너티'다. 듀공과 함께 인어의 모티프가 된 동물이기도 한데, 현재 1000마리 정도만 생존한 멸종위기동물이다.

어릴 적 가장 좋아했던 놀이공간도 동물원이었고, 동물을 다룬 책이라면 표지가 너저분해질 정도로 봤다. 생태전문가는 아니지만 언젠가 한 번은 멸종위기동물을 다루는 글을 써보고 싶었다. 무식하면 용감하다고, 내심 자신도 있었다. 멸종은 한국을 넘어 세계적인 문제라는 점에서 '아노소사이어티'와 결도 맞았다. 담당자는 한번 테스트해보자고 했다.

사실 멸종위기동물 시리즈는 이미 파일럿 테스트를 마친 상태였다. 북부흰코뿔소 '수단'은 체코동물원에 살다가 2009년 딸 나진, 손녀 파투와 함께 케냐 올페제타 보호구역으로 이주했다. 세계에서 마지막 남은 북부흰코뿔소들이었다. 수단은 마지막 수컷이기에 뿔을 노리는 밀렵꾼의 위협도 24시간 내내 계속됐다. 2017년 4월에는 수단의 공개구혼 글이 소셜데이팅 앱 '틴더'에 올라오기도 했다. 멸종을 막기 위해 올페제타와 틴더가 함께한 캠페인이었다. 과학자들은 '수단'을 위해 수단과 방법을 가리지 않고 노력했지만 모든 시도는 헛수고로 돌아갔다. 지구상에 존재하는 코뿔소는 다섯 종, 모두 멸종위기에 놓여 있었다. 그리고 수단이 죽던 날, 그중 한 종이 멸종을 맞았다.

3부작으로 내보낸 수단의 이야기는 준수한 성적표(조회수 13만 4000, 공감 848개, 댓글 457개)를 받았고, 나는 본격적으로 멸종위기동물 이야기를 펼쳐낼 수 있었다.

2년이 조금 안 되는 시간 동안 낮에는 기자, 밤에는 에디터로 살았다. 어, 조금 더 솔직하자면… 업무를 빨리 마무리한 날에는 사무실에서 글을 구상하고 쓰기도 했다. 직장인의 80%는 근무 중 딴짓을 한다 했으니 너그러이 이해해주시길. 아무튼 624일 동안 135편의 글을 올렸다. 전체 조회수는 1000만 회에 다다랐고, 공감과 댓글, 공유수를 더한 인터랙션 총합은 7만 개였다. 콘텐츠 실험장으로서 아나소사이어티가 남긴 발자취다.

피키캐스트 에디터로서 나는 일터를 벗어나 밀레니얼 세대를 위한 콘텐츠 실험을 해볼 수 있었다. 이때의 경험은 1년 뒤 틱톡 채널을 기획하고 성장시키는 밑거름이 됐다. 한편으로 글쓰기에 익숙해진 시간이기도 했다.

② 정체된 나를 이겨내다 : 다큐멘터리 사진 수업

8년째 어설픈 사진을 찍던 2018년 봄, 페이스북에 글이 하나

올라왔다.

'꿈꽃팩토리 7기 모집'

꿈꽃팩토리는 사진작가 성남훈 선생님이 운영하는 다큐멘터리 사진 집단이다. 선생님은 내셔널지오그래픽 콘테스트에서 내 가능성을 인정해준 분이었고, 시상식 이후 SNS로 인연을 이어나갔다. 해마다 선생님은 페이스북에 다큐멘터리 사진 수업 수강생을 모집하는 글을 올리셨다. 정말 듣고 싶었지만 1년 동안 정기적으로 퇴근 후 시간을 투자해야 하는 일이라 사회초년생인 내게는 부담이었다.

기자가 된 지 6년이 지났을 무렵이었다. 선생님이 게시한 모집 포스터가 계속 눈앞에 아른거렸다. 퇴근하고 여의도에서 강남까지 가야 해서 피곤하지 않을까 싶었지만, 사진을 잘 찍고 싶은 마음이 피곤을 눌렀다. 한 달에 세 번, 퇴근하자마자 '지옥철' 9호선에 끼여 강남으로 이동했다. 저녁을 먹지 못하는 날이 많았지만 대가의 가르침을 받고 있다는 생각에 힘들지 않았다.

첫 과제가 떨어졌다. 50mm 렌즈를 들고 오직 그 화각으로만 명동 거리를 담아보기. 50mm 같은 표준 화각대 촬영은 사진을 처음 배우는 이들이 으레 택하는 학습법이다. 그러나 명동이라면 이야기가 달라진다.

첫 번째, 앞서 말했듯이 명동은 촬영에 꽤나 민감한 지역이다. 유명 브랜드 매장은 매장대로, 노점은 노점대로 카메라만 들이대면 "뭐 찍으세요?"라는 말이 들려오는 곳, 그곳이 명동이다. 온종일 항의의 연속이다.

두 번째, 한 걸음 뒤에 바로 다음 사람이 걸어올 정도로 혼잡하니 화면을 구성하기 어렵다. 어디 멈춰 있지 않고 쉴 새 없이 걷는 사람들이 많아 여차하면 원치 않는 미행을 해야 한다. 한 번은 자연스러운 거리사진을 찍겠다고 외국인 여행자를 두 블록쯤 따라갔는데, 주위 시선이 곱지 않았다. 덩치 큰 성인 남성이 카메라까지 들고 쫓아가고 있었으니 당연한 반응이었겠지.

세 번째, 다른 누구도 아닌 내가 '내향적 관종'이라는 점이다! 스무 살 이후 많이 나아지긴 했지만 본래 누구에게 넉살 좋게 카메라를 들이대는 성격이 못 된다. 촬영하고 싶은 낯선 이가 보일 때면 속으로 온갖 고민을 다해야 했다. 그런 내게 명동이라니. 시작은 50mm지만 끝은 광각이라니.

당연히 결과물은 엉망이었다. 충분히 다가가지 못한 피사체와의 거리감만큼이나 이도저도 아닌 사진만 찍혀 있었다. 어쩌다 잘찍었다 싶으면 뒷모습이었다. 잘 찍은 뒷모습은 다른 말로 '용기가 부족했다'는 말이다.

몇 주간 완전히 발가벗겨진 기분으로 선생님의 피드백을 들었다. 선생님의 기대가 쭉쭉 떨어져나가는 소리가 들렸다. 다음 과제는 35mm, 그다음은 28mm. 갈수록 '다가가라'는 목소리가 노골적으로 들렸지만 나는 좀처럼 해법을 찾지 못했다.

코로나 이전의 명동은 한국인보다 외국인이 훨씬 많이 찾는 거리였다. 전 세계 배낭여행자가 몰려드는 이곳에는 물건을 팔아 여행 경비를 버는 이들이 섞여 있었다. 슬로베니아에서 온 커플을 만났다. 명동에서도 가장 분주한 통로에 자리를 펴고 사진과 엽서를 판매했다. 자기들이 직접 찍었단다. 그들 말마따나 직접 촬영한 듯 보이는 사진도 있었지만, 스톡 사진에서나 볼 법한 이미지도 섞여 있었다. 어디 유명한 커뮤니티에서 퍼왔나 보다. 내게 사진을 판매할 테니 가격은 '도와주고 싶은 만큼' 달란다.

"이거 사면 완전 호구 인증인데…."

그렇다고 그냥 돌아서기엔 두 사람의 모습이 적잖이 예뻤기에 거래를 제안했다. 사진 몇 장을 살 테니 30분 동안 둘을 찍겠다고. 결과물은 메일로 보내주겠다고 했고, 그제야 나는 수업을 들은 이후 처음으로 사진 촬영에 몰두할 수 있었다.

슬로베니아 커플을 찍고 한 블록 걸었을 때 초롱초롱한 눈망울이 아름다운 흑인 아기를 만났다. 5분쯤 주변을 서성이다 어머니에게 말을 걸었다. 그는 아프리카의 작은 나라에서 왔다고 했다. 가나 아니면 기니였는데 확실한 기억은 아니다. 명동에서 흑인 모녀를 찍을 기회는 많지 않다. 쉽게 볼 수 없는 장면이 눈앞에 있었다. 서툰 영어에 진심을 담아 전했다. 관계를 맺기 시작하니 조금은 볼 만한 사진이 찍히기 시작했다. 처음이 어렵지 두 번은 쉽다.

다가가기의 힘, 명동 출사의 진짜 목적은 아마 이것이었으리라. 과제를 하나씩 수행해내면서 내 안의 벽을 깨고 다가가는 법을 배웠다. 어쩌면 사진은 용기다.

③ 글쓰기에 자신감을 느끼다 : 교과서에 기사 수록

기자는 하루에도 수백 통씩 날아드는 메일 중 취재거리나 기사화할 만한 소식을 찾아 공유한다. 기자들이 받는 메일은 대개 목적어가 명확하다. "○○ 기사화를 부탁드린다"는 식이다. 그날의 이메일도 별반 다르지 않았다.

"기사 1건 교과서 등재의 건"

라임 한 번 찰지다. 그러나 나른한 아침을 깨울 만큼 인상적인 제목은 아니었다.

'누가 기사를 기막히게 썼나 보네.'

코웃음 치며 심드렁하게 메일을 클릭했다.

"안녕하세요. ○○교육입니다. 2019학년도 국어 교과서에 조재형 기자님의 기사를 실었습니다. 저작권과 관련해 아래 내용을 확인 부탁드립니다."

잠이 확 달아났다. '응? 누구?'

'동물원은 누구를 위한 낙원인가?'라는 기사를 쓴 적이 있다. 동물원의 부작용을 비평하는 글이었다. 동물원 한 번 안 가본 어린이가 있을까. 책과 TV에서나 보던 야생동물을 눈앞에서 볼 수 있는 동물원은 어린이들에게 추억이 담긴 공간이자 교육의 장이다. VR이 동물원의 교육 기능을 대체할 거라는 말이 많은데 일정 부분 동의한다. 하지만 기술의 힘으로 재현된 동물과 실제 숨 쉬고 움직이는 동물을 만나는 건 경험의 밀도 자체가 다르다.

한편으로 동물원도 이익단체다. 관람객을 유치하고 수익을 창출해야만 지속될 수 있다. 그 과정에서 동물권을 해치는 일이 드물지 않게 일어난다. 비정상적인 사육공간, 동물을 학대하는 관리자들, 나아가 학살까지. 근친교배를 반복하는 바람에 다운증후군 개체가 태어나기도 하고, 당나귀에 페인트칠을 해서 얼룩말로 둔갑시킨 일도 있었다. 관람객이 문제를 일으킬 때도 많다. 들고 있던 과자를 던져서 비만 개체가 생기기도 하고, 부모들은 자녀를 위한답시고 잠든 맹수를 깨우려 주먹으로 보호유리를 두들긴다.

기사를 쓴 이유는 단 하나. 현재 지적되고 있는 동물원의 문제점을 함께 고민하고 해결점을 찾는 데 도움이 될까 싶어서였다. 열심히 알아보고 썼지만 발행 당시에는 완전히 묻혔는데, 뜻밖에 좋은 결과로 이어진 것이다.

글은 2019학년도 '화법과 작문' 교과서에 실렸다. 기자로서 비평하는 글이 작문 교과서에 실렸다는 사실에 설렜다. 예상도 못한 행운이었다. 한 분야에 정통한 전문가도 아니고, 수려한 필력으로 독자를 사로잡는 문학가도 아니니 행운이라는 표현이 적당할 것이다. 그래도 꾸준히 내 생각을 표현하다 보니 이런 기회도 생긴다. 인정은 내 일을 지속하게 만든다.

그래, 조금은 자신감을 가져도 괜찮겠다.

인생에서 어떤 경험이 변곡점이 될지는 시작하기 전에 알 수 없다. 그러니 일단 실행하는 태도가 필요하다. 비록 그것이 하찮은 기회라도, 귀찮은 일일지라도. 때로는 내 돈과 시간을 투자하더라도. 그러다 보면 정체된 나를 돌파할 기회도, 자신감을 가질 순간도, 언젠가 다가올 미래를 구성하는 데 자산이 되는 경험을 쌓을 수도 있다.

무엇으로 시간을 채울 것인가?

시간은 우리가 가장 자주, 많이, 오래 소비하는 '소비재'다. 그중에서도 어떤 행위를 선택하느냐에 따라 전혀 다른 결과가 나오는 '유동적 소비재'다. 배고플 때 식사를 하면 허기를 채울 수 있고, 무료할 때 웹툰이나 유튜브, 넷플릭스를 보면서 재미를 느낀다. 체력이 떨어졌을 때 달리기를 하면 부족한 체력을 보완하고 폐활량을 늘리며, 정신적 만족감도 느낄 수 있다. 이처럼 삶의 크고 작은 변화는 모두 '시간'이라는 축 위에서 이뤄진다.

내면의 충동으로, 모르겠으면 눈앞의 것으로

조금은 거창하고 막연한 표현이지만 시간을 채우는 데에는 '내면의 충동'이 필요하다. 이때 '내면의 충동'은 좋아하는 것, 하고 싶은 것, 잘하는 것, 성취하고 싶은 것, 몰입할 수 있는 것 등을 포함한다. 이것들이 시간 축 위에 올라가면 내 시간을 운용하는 가장 원초적인 '방향성'이 된다. 미래는 누구도 예측할 수 없으므로 내가 원하는 것들로 시간을 세팅하고 꾸준히 조금씩 나아가보는 시도가 필요하다.

혹시 원하는 방향을 모르겠다면 일단 현재에 충실해보자. 그 안에서 얼마든지 새로운 방향을 발견할 수 있다. 나 역시 막연하게 더 나은 삶을 꿈꾸었을 뿐 어디로 방향을 정하고 달려가야 할지 몰랐다. 지금도 수시로 이런 고민을 한다. 그럴 땐 역시 주어진 시간을 충실히 보내보는 게 답이다. '회사에서 성장하지 않는다'는 건 새빨간 거짓말이다. 주52시간을 일한다 해도 한 달이면 208시간, 1년이면 2496시간이다. 이만 한 시간을 보내며 일에 몰두하는데 아무런 성장도 없을 리 없다.

첫 회사에 기자로 입사해 3년간 일함 → 첫 번째 책《기자 어떻게 되었을까?》 출간 → 관련 진로 특강이 늘어남 → 두 번째 회사에서 유튜버 인터뷰 시작 →《유튜브 크리에이터 어떻게 되었을까?》 출간 → 전국에서 특강 문의가 들어옴 → 기사, 인터뷰, 책 등 다양한 글을 쓰면서 자연스럽게 글쓰기 실력이 나아짐 → 기사 한 편이 고등학교 국어 교과서에 수록되며 글쓰기에 자신감이 붙음 → 세바시로 이직하며 직업을 PD로 바꿈 → 《PD 어떻게 되었을까?》 출간 → 대학 특강 시작 → 고등학생들의 인터뷰 의뢰 증가 → 저자, 강연가로 가시적인 성과를 얻고 인정받으며 만족감을 느낌

2012년부터 2020년까지 약 8년 동안의 타임라인을 '글쓰기'를 중심으로 간략히 정리해봤다. 취업 전에는 사진과 영상 실력이 글쓰기보다 좀 더 나았다고 생각했다. 그런데 기자로 여러 해 일하면서 변화가 생겼다. 빠른 마감이 필수인 직업이라 주어진 시간 동안 생각을 빠르게 정리해 완성된 글을 쓰는 데 익숙해졌다. 여기에 책과 칼럼을 쓰는 시간이 더해졌다. 책을 출간하면서 내가 세상에 나누고 싶은 메시지가 무엇인지 깨달을 수 있다. 자연스럽게 강의 기회가 늘어났다. 주어진 회사 일을 충실히 했을 뿐인데 다양한 딴짓이 파생되며 어느덧 여기까지 왔다.

정해진 방향으로 조금 더 빨리 달리는 법

시간은 단 한순간도 멈추는 법이 없기에 방향을 정한 그 순간

부터 레이스가 시작된다. 그러면서 다음 질문이 꼬리를 물고 이어진다. 어떻게 하면 이 레이스를 효율적으로, 만족스럽게 마칠 수 있을까?

'카트라이더' 같은 레이싱게임을 떠올려보자. 단순하게는 주어진 코스를 몇 바퀴 돌면 된다. 하지만 10명 중에 매번 6~7등만 하면 아무리 심심풀이라도 금방 질린다. 우리에게는 성장이라는 욕구가 있어서 기왕이면 높은 등수로 게임을 마무리하고 싶다. 언제나 1등을 할 필요는 없지만 내가 만족할 수 있는 성취감을 느끼는 것은 중요하니까.

레이싱게임에서 상위 등수에 오르려면 우선 아이템을 적절히 사용할 줄 알아야 한다. 첫 출발에 절묘한 컨트롤을 요구하는 게임도 있다. 때로는 지름길을 찾아 달려야 하며, 직진 구간에서 부스터도 켜야 한다. 상대방의 집요한 방해공작도 요리조리 피해내야 한다. 경기를 거듭하며 얻은 리워드로 내 머신의 성능을 높이는 투자도 중요하다.

지금 말한 요소들을 두 글자로 압축하면 '기회'가 된다. 기회를 잘 살려야 한다는 걸 모르는 사람은 없다. 너무 많이 들어서 귀에 딱지가 앉았을 거다. 그런데 아직도 기회가 와주기만 기다리는 사람들이 많다. 내가 이렇게 열심히 하고 있는데, 세상이 나를 알아봐주지 않으면 그게 이상하잖아?

우리가 기대하는 것보다 세상은 나에게 관심이 없다. 나를 아는 사람보다 모르는 사람이 훨씬 많으며, 나를 안다는 이들도 대개는 아주 작은 편린만을 인식하고 있을 뿐이다. 내가 아무리 훌륭한 일을 했어도 세상과 소통하지 않으면 대중이 나를 알 방도가 없다. 우리의 잘못도 그들의 잘못도 아니다. 그냥 그렇게 설계된 것뿐이다.

시간이라는 레이스에서 조금 더 빨리 달리고 싶다면 크고 작은 기회를 잘 살리고, 적극적으로 기회를 만들어가야 한다.

대학생활을 마무리할 즈음에 한 가지 아쉬움을 느꼈다. 나름은 알차게 대학생활을 보냈다. 동아리를 운영해보고, 어릴 때부터 해보고 싶었던 공연도 하고, 학생회장이라는 어려운 임무도 수행했다. 게다가 내가 좋아하는 활동으로 상도 여러 번 받았으니 어린 마음에 더 많은 사람이 내 노력을 알아줬으면 했다. 그렇다. 이때부터 내향적 관종의 싹수가 보였던 거다.

당시 캠퍼스에는 세 종류의 대학생 잡지가 비치돼 있었는데 모두 즐겨 읽는 것들이었다. 어느 잡지나 인터뷰 기사가 있고, 하나같이 유명하거나 이력이 독특한 멋있는 대학생들을 인터뷰했다.

1~2학년 때만 해도 인터뷰에 나오는 대학생들을 보며 '부럽다'는 생각만 했다. 어쩌면 이때의 부러움이 나를 더 열심히 살게 하는 동력이 되었는지도 모른다. 그런데 4학년이 되고 나서 잡지를 펼쳤을 때 내 생각은 완전히 달라져 있었다.

'이 정도면 나도 해볼 만하겠는데?'

바로 내 프로필과 인터뷰 주제를 정리해 메일을 보냈다. 답장을 받기까지는 오래 걸리지 않았다. 메일을 보낸 날 저녁 6시 6분(아직 이 메일을 보관하고 있다. 지울 이유가 없잖아?)에 매거진 편집장님이 답장을 보냈다. 인터뷰해보면 아주 좋을 것 같다고.

스스로 낯간지러운 일이라 생각할 수도 있다. 메일을 보내면서도 '정말 잘하는 걸까?', '거절당하면 어떡하지?' 같은 생각이 휘몰아쳤다. 자신 있었던 내 시간과 노력이 괜히 작아지고 초라하게 느껴졌다. 그만큼 '거절'은 참 잔인하다. 얼굴 모를 담당자가 내 메일에 코웃음 칠 수도 있다. 읽지도 않고 바로 휴지통으로 던져질지도 모른다. '오버하지 말라(라고 쓰고 '나대지 말라'고 읽는다)'며 주변 사람들이 나를 꺾으려 들 수도 있다.

그런데 이런 노력이 거절당해도 우리가 잃을 것은 별로 없다. 기껏해야 메일을 쓴다고 고민하며 보낸 짧은 시간 정도가 기회비용일까. 수많은 거절이 몰아쳐도 가능성을 알아봐주는 단 한 번, 그 순간을 잡으면 된다. 기회는 가능성을 알아보는 곳에서 시작된다.

내면의 충동이 느껴지는 것들로 내 시간을 채우고, 지금 하고 있는 것들을 적극적으로 세상에 알려보자. 미래에 무슨 일이 벌어질지는 아무도 알 수 없다. 하지만 조금씩 꾸준히 나아갈 수 있다면 지금 당신이 상상하고 있는 모습과 아주 비슷한 성장이 가능할 것이다.

바쁜 24시간 속 딴짓 배치하기

오늘도 일이 너무 많다.

분명 어제도 엉덩이 뗄 시간조차 없을 만큼 바쁘게 일했는데 왜 그럴까.

일을 해도 일이 줄지 않는 화수분 같은 현실은 직장인들이 흔히 겪는 미스테리다.

업무가 너무 몰려서 미처버릴 것 같은 시기가 있었다. 언제나처럼 책에 힌트가 있을 거라 믿고 퇴근 후 광화문 교보문고에 들렀다. 나같이 시간관리를 고민하는 사람들이 많기는 했는지 자기계발 '베스트' 섹션에 눈에 띄는 책 한 권이 놓여 있었다. 아무것도 안 하면 아무 일도 일어나지 않으니 밑져야 본전이라는 심정으로 책에 나온 대로 시간을 기록하는 시트를 써봤다. 저자가 시키는 대로 아침에 일어날 때부터 잠들 때까지 하루를 30분 혹은 1시간 단위로 구분했다.

일주일 정도 지속했다. 하지만 큰 효용은 없었다. 내가 업무시간을 어떻게 활용하는지 범주화할 수 있어야 시간을 가치 있게 활용하는 방법도 알 수 있는데, 어제와 오늘이 달라도 너무 달랐다. 갑자기 떨어지는 추가 업무가 너무 많았던 탓이다. 집중해서 일하는 시간이나 제대로 활용하지 못하는 시간을 발견하기에 현생은 너무 불규칙했다. 시간 기록은 전문가의 검증된 방법이었지만 내 상황에는 맞지 않았다. (규칙적인 업무를 하고 계신 분들께 추천한다.)

안 되겠다. 나에게 맞는 방식을 찾아야겠다.

① 어떻게 내 일을 구분할 수 있을까요?

영상취재기자로 일할 때는 하루에 2~3곳 현장 취재를 나갔다. 영화나 드라마 제작발표회, 레드카펫, 쇼케이스, 인터뷰를 촬영해 스트레이트 기사를 더해 출고하는 것이 첫 직장에서 맡은 주요 업무였다. 일주일에 한 편씩 취재 비하인드 영상을 제작하고, 역시 일주일에 한 편씩 팀 전원이 투입돼 만드는 기획영상을 제작했다.

두 번째 회사에서는 현장 취재보다 뉴스 기사 편집과 기획기사 작성, 카드뉴스 제작과 같이 미디어 트렌드에 맞춰 모바일 뉴스 콘텐츠를 기획, 제작하는 비중이 높아졌다. 2016년은 유튜브 크리에이터를 인터뷰하는 유튜브 채널을 개설했다. 인터뷰이 선정과 질문지 작성, 촬영, 진행, 편집, 송출, 기사 작성 등 모든 과정을 컨트롤했다. 유명 카메라 브랜드와 함께 리뷰 기사를 쓰기도 하고, 틱톡 채널을 오픈해 운영하기도 했다. 본격적으로 딴짓을 시작한 것도 이때부터다.

세 번째 회사인 세바시에서는 강연을 기획하고 제작하는 업무를 맡았다. 입사 후 반년이 안 되어 코로나19가 창궐하는 바람에 모든 행사가 비대면으로 바뀌면서 생방송 운영을 배우기도 했다. 전 직장에서도 작은 팀을 운영해봤지만 팀장으로서 본격적인 일을 시작한 것은 세바시부터다. 거의 모든 강연회 PM 역할을 하며 사람 만나는 업무가 늘었다. 콘텐츠 편성과 편집 담당자 배정, 콘텐츠 확산과 운영까지 기획, 제작 및 관리 업무를 병행하고 있다.

넓게 보면 모두 콘텐츠를 고민하고, 만들고, 유통하는 일이지만 업무의 결은 회사마다 많이 달랐다. 이렇게 다양한 일을 어떻게 범주화할 수 있을까.

내 일을 범주화해보자

범주화하려면 기준이 단순할수록 좋다. 여기서는 두 가지 축을 기준으로 해보려 한다. 재미와 책임이다.

모든 일은 마감일까지 최선의 결과를 내기 위해 질주하는 레이스와도 같다. 그러니 '마감'은 업무를 진행하는 데 빼놓을 수 없는 기준점이다. 여기에 팀장, PM, PD로 책임을 부여받은 일들이 있다. 내가 특히 더 챙겨야 하는 일이다. 당일에 출고돼야 하는 콘텐츠가 이상 없이 나갈 수 있도록 체크하는 일이 좋은 예시다. 이처럼 마감을 포함해 내가 얼마나 책임감을 갖고 일해야 하는지를 기준으로 업무를 구분해보자. 맡은 역할이 다양할수록 하루하루

우선순위가 바뀔 것이다.

다른 축은 내가 이 일에 얼마나 재미를 느끼는지다. 우리는 좋아하는 것과 잘하는 것을 할 때 더 깊이 몰입할 수 있다. 기대 이상의 성취감을 느낄 수도 있다. 재미있고 하고 싶은 일만 하겠다고 주어진 업무에 소홀해서도 안 되겠지만 사람이 책임감만으로 일할 수는 없는 법. 때로는 내가 재미를 느껴서 역으로 높은 책임감을 갖게 되는 일도 있다. 주어진 책임과는 전혀 다른 본능적인 영역이다.

유튜브 크리에이터를 인터뷰할 때 시작부터 끝까지 모든 과정을 홀로 책임져야 했지만, 내가 궁금했고 알아보고 싶고 잘해보고 싶은 인터뷰였기에 욕심내서 했다. 후배 기자를 데리고 촬영 나갈 때도 있었지만, 혼자 카메라 3대를 설치해 촬영 앵글을 상상하며 인터뷰를 진행했다. 지금이라면 더 효율적인 방법을 찾겠지만 그때 나는 크리에이터를 만나 인터뷰하는 자체가 즐거웠다. 심지어 첫 영상부터 터졌으니 더할 나위 없었다.

다양한 업무를 하고 있다면, 특히 딴짓을 병행하고 있다면 먼저 큰 틀에서 내 일을 구분해보자. 나처럼 책임과 재미의 축으로 구분해도 좋고, 당신의 상황에 더 잘 맞는 기준을 찾아도 좋다.

② 집중력이 높은 시간대를 알고 있나요?

오전 9시에 출근한다. 자리에 앉자마자 집중이 되는 날도 있지만 대개는 시간이 필요하다. 주 5일 중 4일쯤? 내 몸은 치밀히 설계된 로봇이 아니기 때문이라 위안한다. 출근하자마자 탕비실 냉장고 문을 연다. 밤새 바짝 언 얼음을 통에 덜어내고 새로 물을 채워 넣는다. 바쁘게 일하느라 복잡할 대로 복잡해진 머리를 식히는 데에는 단순하고 쉬운 행동만큼 좋은 게 없다. 누군가 "팀장님! 제가 할게요!"라고 말해도 절대 기회를 주지 않는다. 사무실이라는 친근하지만 지겹기도 한 이 공간에 스며들기 위한 나만의 의식이니까.

정신을 가다듬고 업무를 시작하지만 하루 종일 집중하는 건 불가능하다. 우리 몸은 24시간 일하도록 만들어지지 않았으니 수능 전국 1등이나 국가대표도 이건 어쩔 수 없다. 그렇다면 가장 집중이 잘되는 시간 정도는 알아야 한다. 그래야만 맥없이 흘러가는 하루를 내가 원하는 대로 보낼 수 있다.

내가 존경하는 어떤 부장님은 출근 시간보다 1~2시간 전에 회사에 도착한다. 집이 회사와 먼 것도 아니어서 군이 빨리 올 필요도 없을 텐데, 함께 일한 4년 동안 내가 그분보다 빨리 출근한 날은 두 손에 꼽힌다. 나를 포함한 팀원들은 정말 궁금했다. 대체 왜 저렇게 일찍 오는가. 부장님이 너무 일찍 출근하니 우리도 덩달아 일찍 나와야 할 것 같은 부담감도 느끼던 차였다.

"부장님, 왜 이렇게 일찍 출근하세요?"

"아, 나는 사회생활 시작했을 때부터 아침 6~8시 사이가 집중이 잘되더라고. 내가 집중하고 싶은 시간에 일을 처리하고 싶어서 그러니까 신경쓰지 않아도 돼."

정말 신경 안 써도 되게 배려해주신 부장님의 인품과 별개로, 나도 궁금해졌다. 아침 9시부터 저녁 7시를 기준으로 과연 나는 언제 더 집중이 잘되는지 확인해보고 싶었다. 며칠 관찰해보니 내게 그 시간은 오후 4시~7시 사이였다. 퇴근이 가까워져 그런지 모르겠지만 이상하게 머리가 맑아진다. 이 시간에는 가능하면 집중해서 창의력을 발휘해야 하는 일을 한다. 영상을 편집하거나 글을 쓰는 일이다.

전날 잠을 설치지 않았다면 오전 컨디션도 나쁘지 않다. 이때는 회신하지 못한 이메일을 확인하고, 하루의 주요 업무를 리스트업하고 우선순위를 정한다. 구독하는 뉴스레터를 보며 중요한 이슈를 확인하기도 한다. 대부분 급하게 처리해야 하는 일 아니면 단순하고 사무적인 일들이다. 오후 2시부터 4시 사이는 집중은커녕 졸리기만 하다. 아무래도 식곤증인가 보다.

주말도 비슷하다. 데이트 약속이나 다른 스케줄이 없으면 산책을 나가거나 책을 읽고 글을 쓴다. 월요일부터 쌓인 이놈의 만성 피로를 조금이나마 떼냈을 때, 그러니까 정신이 조금 맑아질 때가 오후 2~3시 사이다. 씻고 나와서 커피 한 모금 마시면 4시 전후. 집중력이 흐트러지지 않고 유지되는 시간은 길어야 두 시간 정도. 적으면 짧은 글 한 편, 많으면 두 편 쓸 수 있는 시간이다.

'나는 왜 이렇게 집중을 못하지?' 하고 스스로 책망할 이유가 없다. 그럴 시간에 집중할 수 있는 시간대를 찾아 적극적으로 활용하는 편이 낫다.

그리고 한 가지 더. 내일 할 일은 내일로 미뤄도 된다. 일하다 보면 오늘 해도 좋을 것 같은데, 내일 해도 괜찮은 일들이 있다. 업무의 우선순위에 맞춰 일하기로 했다면 이런 일은 후순위로 미뤄도 괜찮다. 이런 일까지 모두 잡으려고 욕심내면 안 해도 되는 야근을 하게 될 수 있고, 피로가 쌓여 다음 날 일정에 차질이 생길수 있다. 중요한 건 내 일을 효율적으로 '꾸준히' 해내는 것이다. 업은 단기전이 아닌 장기전이다. 그러니 미뤄도 되는 일은 미루자. 억지로 온 힘을 다해 애쓸 필요 없다. 내일의 일은 내일 해도 충분하다.

③ 딴짓을 배치해볼까요?

대학생 이후로 '어떻게 이렇게 많은 일을 다 소화하냐'라는 질문을 참 많이 들었다. 슈퍼맨이라는 소리도 심심찮게 들었다. 대학에서 직장에서 그 많은 사이드 프로젝트를 했으니 이런 오해가 생길 법도 하지만, 나는 결단코 슈퍼맨이 아니다.

사이드 프로젝트를 병행한다고 하면 잠들어 있는 시간 빼고는 하루 종일 회사 일과 수많은 딴짓을 한꺼번에 한다고 생각하는 분들이 많다. 실제로 그런 분들도 있다. 정말 대단하다고 생각한다. 하지만 결코 쉽지 않고, 잘못하면 다른 사람들에게 피해를 줄 수도 있다.

스물다섯 살에 알게 된 후배에게 어떤 선배 이야기를 들었다. 대학생 기자, 마케팅 서포터즈, 봉사활동, 또 뭐였지? 아무튼 그는 한 학기 동안 6개의 대외활동을 하고 있다고 했다. 요지는 그 선배가 후배와 같이하는 활동에 제대로 참여하지 못하고 있다는 것이었다. 들어보니 그럴 만도 했다. 그분은 당시 누가 들어도 알 만한 소위 메이저급 대외활동을 하고 있었고, 하나같이 챙길 게 많았다. 결국 그 후배는 언제부턴가 선배 얼굴을 볼 수 없었다고 했다. 그 선배가 불성실해서는 아닐 것이다. 불성실한 사람이었다면 애초에 그만큼 일을 벌이지도 않았을 테니까. 그저 욕심과 열정이 의지와 환경을 초과해버렸을 뿐이다.

딴짓, 즉 사이드 프로젝트도 프로젝트인지라 대개 마감이 있다. 마감 있는 일을 하는 분들은 알 것이다. 마감일정은 겹치기로 배치하지 않는다. 딴짓도 마찬가지다. 많은 일을 한꺼번에 하는 게 아니라, 마감일에 맞춰 프로젝트를 하나씩 마무리하는 것이 포인트다.

일주일에 한 번씩 마감이 오는 일이 있다. 피키캐스트를 운영하던 초기에는 주 1회 연재여서 일주일에 한 번 담당자에게 완성한 글을 보내고 수정 작업을 거쳤다. 이후 욕심이 생겨 주 2회 연재로 변경했을 때는 두 편을 완성해 한꺼번에 보내거나 완성하는 대로 한 편씩 전달했다.

독서루틴을 인증하는 모임을 운영할 때에는 하루에 한 번씩 호스트로서 참가자들의 인증 상황을 체크했다. 어렵지는 않지만 꼼꼼해야 하고 귀찮아지기 쉬운 일이다.

한 달에 한 번 마감하는 일도 있다. 2019년부터 1년 동안 신문사에 칼럼을 기고했는데 월간 연재였다. 일정이 타이트하지 않아서 어려운 일은 아니었지만 회사 일이 많아지면서 마감에 쫓기는 날이 많아졌다. 결국 딱 1년을 채우고 그만뒀다. 그편이 나았다.

출간 계약을 하면 법적으로 원고를 마감하는 기한이 정해진다.

기간이 짧다면 다른 프로젝트를 줄이고 책을 쓰는 데 집중한다. 인터뷰가 절반 이상을 차지하는 시리즈를 쓸 때는 인터뷰 정리하는 시간을 획기적으로 줄여 주어진 마감보다 훨씬 빨리 초고를 완성할 수 있었다.

많은 일을 한꺼번에 하려고 들면 누구나 지친다. 좋아서 시작한 딴짓도 부담이 되면 본업에 좋지 않은 영향을 미치고, 일보다 더 큰 스트레스가 될 수 있다. 여러 일을 동시에 하는 것보다 프로젝트 주기를 정하고 끝낼 때까지 몰입하는 편이 더 현실적인 길이다.

올해의 딴짓 정하기

점점 작아지는 나를 발견할 때가 있다. 바쁜 하루를 보내며 열심히 살고 있는데 왠지 허망한 퇴근길. 주변에서도 그 정도면 괜찮은 삶이라 아무리 말해도 스스로 무능하다며 불행해하는 이들이 많다. 무능함의 정체는 무엇일까? 해결의 실마리는 언제나처럼 예고 없이 찾아왔다.

"오직 외적 자극에 의해서만 활동하는 것이 무능입니다.

곧 자발적인 활동능력이 없는 것을 의미하죠.

예를 들어 시험 경쟁은 누구에게도 자발적인 욕구의 대상이 아니지만, 학교는 학생들이 하기 싫은 일을 상시적으로 강요합니다.

한국 교육이 무능한 인간을 양산하는 까닭은 학생을 철저히

타율적으로 길들이기 때문입니다."

전남대학교 김상봉 교수님의 말씀이 녹화를 진행하던 내 귀에 휘감아 들어왔다. 한국인들은 '착한 사람', '모범생'이 되기를 강요받으며 자랐다. 학교를 비롯한 교육 현장이 그랬고, 수도 없이 많은 가정이 그랬다. 정말 소름 돋는 건 어쩌면 나도 무의식중에 자녀를 그렇게 키우게 될지 모른다는 공포였다. 정답이 없는 세상에서 의심할 줄도 알아야 하는데, 알게 모르게 의심 없이 수용하는 태도를 익히며 살았다. 노예가 별건가, 시키는 대로만 하고 나 살고 싶은 대로 못 살면 그게 노예지. 일하고 나면 어쩐지 회사의 노예 같은 기분이 드는 건 이런 이유 때문이었을 거다.

문제는 파악했다. 그동안 무능을 키우는 시스템에서 살았으니 이제 유능해져봐야겠다. 어디서부터 접근해야 할까.

새해가 되면 '올해의 딴짓'을 정한다. 다양한 사이드 프로젝트 중 가장 많은 에너지를 투자해야 하는 '최우선'을 결정하기 위해서다. 다른 건 못하더라도 이거 하나만큼은 이루고 싶은 목표 말이다. 깜깜한 하늘을 수놓은 수많은 별 중 도달하고 싶은 단 하나의 밝은 빛, 내면의 충동이 가장 크게 느껴지는 프로젝트를 찾아야 한다.

최근 5년간 세우고 이뤄낸 '올해의 딴짓'은 다음과 같다.

2016년 첫 책 출간

2017년 피키캐스트 연재

2018년 다큐 사진 작업

2019년 두 번째 책 출간

2020년 비대면 강의 늘리기

'올해의 딴짓'은 그해 내가 가장 해소하고 싶은 목마름이기도 하다. 2016년 나는 손에 잡히는 나만의 콘텐츠를 갖고 싶어서 책을 썼고, 2018년은 답보 상태인 사진 실력을 높이고 싶었다. 2019년 에는 3년 동안 지속했던 유튜버 인터뷰를 완성된 무언가로 마무리하고 싶은 생각이 간절했다. 다른 두 해도 마찬가지다.

현직 기자들을 인터뷰해야 했던 첫 책의 집필 기간은 6개월이었다. 책 쓰기는 처음이라 긴지 짧은지 알아볼 방법은 없었지만 스스로 여유 있다고 생각했다. 그런데 2016년 겨울, 분위기가 심상찮더니 촛불집회가 시작됐다. 나를 포함한 모든 기자들이 바빠져 인터뷰 일정을 잡기 어려웠다. 예상하지 못한 변수였지만 어찌어찌 잘 마무리했다. 이 경험이 레퍼런스가 되어 두 번째, 세 번째 책은 각각 2개월 만에 집필을 끝낼 수 있었다.

다큐멘터리 사진 수업은 2주에 한 번씩 강남에서 진행됐다. 이 정도면 넉넉한 일정 같겠지만 매번 '출사'라는 과제가 떨어졌다. 상반기는 과제와 피드백의 연속이었고, 좋은 사진을 얻기 위해 틈나는 대로 카메라를 들었다. 수업의 마지막은 그룹 전시였는데 그동안 나쁜 습관을 덜어내고 내 한계를 깨는 시도를 했다면, 이제는 불특정 대중에게 보여줘야 하는 '작업'으로서 사진을 찍어야 했다.

2018년 7월부터 11월까지 21회, 한 달에 네 번 꼴로 을지로3가역에 갔다. 한번 나가면 한 시간에서 길게는 한나절 동안 을지로 골목을 돌고 또 돌았다. 을지로 사장님들의 탄식을 듣고, 함께 밥 먹고 다방 커피를 마셨다. 한여름 뜨거운 불길 옆에서 굵은 땀을 흘리며 일하는 장인匠人들을 담았다. 회사에서는 기자로, 회사 밖에서는 포토그래퍼가 됐다.

시간을 쪼개 아쉬운 부분을 보완했다. 계절은 겨울이 되어 손에 쥔 카메라가 차가웠다. 나와 선생님의 생각을 가장 잘 표현할 수 있는 종이를 찾아보고, 직접 프린트하며 결과물을 비교했다. 작은 시간이 쌓이고 쌓여 마지막 전시 이후 6년 만에 나만의 사진전을 열 수 있었다. 취업한 뒤로 처음이었다. 기대한 것보다 정말 많은 분이 다녀가셨다. 한 달 뒤에는 내 사진이 네이버 메인을 차지하기도 했다.

내 마음에 집중할 때 자발적인 활동도 가능하다. 목마름이 회사를 향해 있다면 회사에서도 얼마든지 유능해질 수 있다. 거기에 딴짓을 더하면 그 누구의 눈치도 볼 필요 없는 성장이 가능하다. 올해가 가기 전에 꼭 이루고 싶은 딴짓은 무엇인가? 주어진 울타리를 몇 걸음만 벗어나 보자. 울타리 안에 양다리를 걸쳐도 좋다. 우리, 자유롭게 유능해지자.

나를 성찰하는 에세이 쓰기 :
정말 인상 깊었던 한 가지 경험을 기억하시나요?

앞에서 경험 리스트를 작성하며 내 인생의 방향성을 찾으셨나요?
그렇다면 지금부터는 앞에서 선정한 의미 있는 경험 중 하나를
선택해 에세이로 풀어봅니다.

① 에세이로 쓸 경험을 선정하고 무엇을 했는지 구체적으로 나
열합니다.

② 글은 '결핍 → 에피소드 1 → 에피소드 2 → 느낀 점 → 결
핍 해소(성장)'의 다섯 문단으로 구성합니다. 물론 더 구체적
으로 써도 됩니다.

③ 에세이를 쓰면서 해당 경험이 선물한 핵심 가치가 무엇이었
는지 확인해봅니다.

하루 10분의 딴짓, 산책

영상에 쓸 음악을 고르는데, 찰떡같은 날이다.

그분이 오셨다. 고르는 음악 족족 강연자들의 분위기와 딱 맞

아떨어진다.

신나는 날이다.

오후 3시, 소화도 좀 됐겠다. 마침 나른해진다.

이렇게 기분 좋은 날은 잠깐 산책이라도 다녀와야지.

1층으로 내려와 살랑대는 바람을 맞이한다.

바람은 갓 돋아난 나무를 춤추라 한다.

바람에 실린 고소한 내음도 코끝에 닿는다.

겨우내 야근하는 나를 심하게 괴롭혔던 땅콩과자 냄새다.

벚꽃 개화 일주일 전이다. 며칠 전만 해도 겁기만 했던 벚나무에 수줍은 흰 점들이 보인다.

1년을 기다린 기분 좋은 손님이 집 앞에 도착한 것처럼 설렌다.

아직 선선한 바람과 따스한 햇살이 만나 환절기 특유의 촉감을 만들어낸다.

저어기, 목동의 명물 '낮잠 자는 치와와'도 여느 날처럼 큰 눈을 끔뻑이고 있다.

봄 햇살 아래서, 나른하게.

좋다. 더할 나위 없이.

아직 평일 오후 3시라는 점만 빼고.

– 2021년 3월 25일

회사라는 조직은 비효율을 경계한다. 과거에 비해 오픈마인드를 가진 리더들이 늘었지만 여전히 상사들은 눈에 불을 켜고 직원들이 딴짓하고 있지는 않은지 살핀다(그런데 왜 보고하러 가면 그분들의 모니터에 온라인 쇼핑몰 페이지가 떠 있는지 의문이다). 어떤 회사는 직원들의 스마트폰과 컴퓨터 사용 행태를 분석하는 그룹웨어를 운용하기도 한다. 이런 프로그램을 '보스웨어bossware'라고 하는데, 최근에는 코로나19 확산으로 재택근무를 시작한 일부

회사가 직원들의 근무 상황과 집중도를 확인하는 용도로 활용하고 있다. 당연한 말이겠지만 논란이 일고 있다.

의사가 아니라도 인간의 집중력에 한계가 있다는 사실은 누구나 안다. 시험기간의 밤샘 벼락치기는 어쩔 수 없이 하는 일이다. 인생에서 가장 높은 집중력을 요구하는 고3 시기에도 학교는 50분 수업, 10분 휴식을 유지한다. 그만 한 근거가 있을 것이다.

의자에서 엉덩이를 떼지 않는다고 집중력이 좋은 것은 아니다. 오히려 적극적으로 엉덩이를 떼고 산책을 나서보면 어떨까. 하루 10분이면 충분하다.

일하면서 집중력이 떨어지는 이유가 있다. 우리의 의지가 부족해서도, 정신이 산만해서도 아니다. 밀폐된 공간에 오래 머무르면 산소가 줄어들어 우리 뇌에도 산소가 부족해지기 때문이다. 특히 오후에 나른해지는 건 식곤증도 영향을 미치겠지만, 업무시간이 꽤 흘러 사무실의 산소와 이산화탄소의 균형이 깨지는 영향도 있다. 집중력을 끌어올리고 집중할 수 있는 시간을 늘리려면 우리 뇌에 산소를 충분히 공급해주어야 한다.

나는 급한 일이 아니라면 휴대전화로 걸려온 업무 전화는 자리를 벗어나서 받는다. 기자일 때는 출입처나 홍보대행사에서, 세바시에서는 클라이언트와 강연자들의 문의 전화를 많이 받는다.

이때 갑갑한 자리에서 벗어나 전화를 받으면서 굳은 몸을 풀어준다.

산책은 뇌에 산소를 공급할 뿐 아니라 잠들어 있던 오감을 깨운다. 모니터만 바라보고 일하면 눈에 집중적으로 피로가 쌓인다(요즘은 모니터 사이즈가 커져서 더 피곤한 것 같다). 반면 다른 감각은 무뎌지는 느낌이다. 특히 초등학교 4학년 때부터 안경을 써야했던 나 같은 사람은 눈을 뻑뻑하게 만드는 피로를 빨리 풀어줘야 한다.

산책을 나서면 후각과 청각이 깨어난다. 3월 25일에 정겹게 침샘을 자극하는 땅콩과자 냄새를 맡은 것처럼. 봄날의 설렘을 증폭시키는 노래를 들은 것처럼. 또 땅을 밟고 걸으면서 사무실에 없는 바람을 느끼게 되니 촉각도 함께 자극된다.

국내에서 열리는 최대 영화제인 부산국제영화제는 업무강도가 상당한 취재 현장이다. 출품작만 수백 편, 화려한 개막식 레드카펫을 시작으로 시사회, GV, 야외무대인사, 축하파티와 부대행사로 하루하루 일정이 빼곡하다. 한 번은 영상 기사를 실시간으로 9개나 마감한 적이 있다. 해운대 해변에 방송용 카메라를 뻗치고 촬영하는 동시에 노트북으로 편집해야 했다. 아침부터 밤까지 일정이 이어지니 잘못하면 퍼진 자동차처럼 뻗어버릴 수 있는 곳이 바로 '부국제'다.

아무리 그래도 로봇처럼 일만 할 수는 없으니 다른 재미를 찾아 나섰다. 야외무대인사가 있기 전 축제 분위기 가득한 해운대 해수욕장을 거닐며 사진으로 기록했다. 영화제를 찾은 관광객과 외국인들이 많아 이국적인 풍경도 담을 수 있다. 업무만 생각한다면 굳이 가질 필요 없는 시간이다. 하지만 '일'이라는 사회적 알람에서 벗어나 즐기는 짧은 여유는 영화제에 대한 기억을 더욱 아름답게 남겨줬다. 마치 여행을 다녀온 것처럼, 짧지만 내 정신을 환기하고 다시 즐겁게 일을 시작하는 힘을 준다.

구글에 '하루 10분'을 검색해봤다. '루틴'과 '리추얼' 열풍이라 하루에 10분만 투자해 자기계발할 수 있는 글들이 첫 페이지를 채운다. 10분 동안 외국어 공부를 할 수도 있고, 짧은 글쓰기를 할 수도 있다. 스트레칭도 좋고, 생각을 정리하기 위해 명상을 하는 것도 좋다. 무엇이든 작게 꾸준히 하는 건 좋다. 하루 10분 산책만으로도 얻을 수 있는 기적이 있다는 사실을 기억하자.

2016년 첫 책 출간

2017년 피키캐스트 연재

2018년 다큐멘터리 사진 수업

2019년 두 번째 책 출간, 틱톡 뉴스채널 론칭

2020년 비대면 강연

2021년 내 생각을 오롯이 담은 책 출간…

올해 반드시 이루고 싶은 당신의 딴짓을 정해보자.

기준은 '지금 나에게 얼마나 중요한 의미를 갖는지' 또는

'얼마나 규칙적으로 많은 시간을 들여야 하는지'다.

하루치 프로젝트는 누구나 어떻게든 해낼 수 있지만 연간 프로젝트는 그리 단순한 일이 아니니까.

●

"나를 발전시키는 것은
20%의 시간 버퍼에서 이루어집니다"

이형근(작가, 전 스타트업 이사, 전 대기업 인사팀)

'시간관리'라는 단어는 늘 사회초년생 시절을 떠올리게 합니다. 그 시절 배웠던 두 가지는 여전히 제게 중요한 지침이 되고 있습니다. 늘 기록할 것, 그리고 늘 버퍼를 유지할 것.

어렵게 취업문을 뚫고 들어간 회사에서의 첫해를 떠올리면 아직도 숨이 가빠집니다. 부서 배치를 받은 지 3일 만에 선배 직원이 퇴사했고, 그때부터 1년 동안 눈코 뜰 새 없이 바빴죠. 번갯불에 콩 구워 먹듯 인수인계를 마치고 선배의 업무를 모조리 넘겨받았습니다. 그 뒤로도 신입 1년 동안 부서에서만 퇴사자가 3명이 더 나왔어요. 그때마다 일이 급격하게 늘었습니다. 턱 밑까지 물이 차오른 상태로 100미터 달리기를 하는 느낌. 내 삶에서 가장 치열하고 허덕였던 시간이었어요.

한 가지 스스로 칭찬해주고 싶은 것이 있다면, 그 1년 동안 매일매일 업무일지를 기록했다는 것입니다. 내가 뭘 하고 있는지조차 모르겠는 절박한 상황에서 실수 하나라도 덜어보자는 마음으로 매일매일 했던 업무를 최대한 상세히 기록했어요. 오전에 했던 일과 오후에 했던 일. 업무 사이사이에 벌어졌던 문제나 예기치 못했던 이벤트들, 그리고 상황이 풀리거나 해결된 과정 같은 것들을 모두 기억나는 대로 적어두었죠. 그렇게 1년 동안 쌓인 기록은 노트 두 권과 다이어리 한 권에 가득 찼습니다.

암흑 같았던 한 해가 지나고 새로운 해가 다가오자 팀 업무가 눈에 들어오기 시작했습니다. 지난 기록들을 들춰보니 일회성 업무와 정기적이고 규칙적인 업무가 구분됐어요. 그때부터 진짜 업무계획이 가능해졌습니다. 그전까지 해왔던 업무시간 핸들링은 상황 모면을 위한 임기응변 수준이었다는 것도 알게 되었고요.

시간관리의 핵심은 '짧은 시간 동안 얼마나 많은 일을 처리할 수 있도록 계획하느냐'가 아니라고 생각합니다. 시간과 상황에 쫓겨 선택을 강요받는 상황이 된다면 이미 시간관리에 실패한 것이 아닌가 싶습니다. 정말 잘하는 시간관리는 급박한 업무 압박이 들이닥치더라도 대처할 수 있도록 내 시간의 버퍼를 늘 유지하는 것이 아닐까요.

늘 20%의 버퍼를 유지하기 위해 노력합니다. 어떤 계획도 내가 할 수 있는 최대치를 채워서 세우지 않아요. 아무리 업무가 몰리더라도 일정 조율과 업무 조율을 통해 내가 낼 수 있는 최대치의 80%를 유지하고, 남은 20%는 만약의 사태를 대비하여 남겨둡니다. 놀랍게도 나를 발전시키는 것은 늘 남은 20%에서 이루어졌습니다.

시간에 쫓겨 선택하거나 임기응변의 묘수를 발휘해야 하는 상황을 만들지 않는 것을 목표로 해보면 어떨까요. 묘수를 떠올려야 하는 상황 자체를 만들지 않고, 한결같은 페이스로 차분하게 나의 그림을 차근차근 그려가는 것. 길고 긴 사회생활을 잘 관리하는 진짜 기술이 아닐까 합니다.

목표를 이루기 위한 공간 세팅하기

동기부여를 주는 조직에서 일하고 있나요?

나는 열애설 기자였다. 이제는 한참 과거의 일이지만 당신이 알고 있는 몇몇 연예인들의 열애가 세상에 드러나는 데 관여했다. 분명 처음은 흥미로웠다. 하지만 생산적인 일은 아니었다. 변론하자면 그때 나는 갓 사회생활을 시작했고, 열애설은 회사의 중요한 업무 였다. 즉 하기 싫어도 해야 했다.

열애가 뭐라고 증거 하나 포착하겠다고 그들의 숙소 근처에 한 달 혹은 그 이상 잠복했다. 안 그래도 시상식 취재로 바쁜 연말에 이 일까지 겹치면 나를 위한 연말은 그냥 없는 것이었다. 퇴근 후 친구와 저녁을 먹다가 튀어나가는 일도 잦았고, 어렵게 잡은 약 속을 펑크내기 일쑤였다.

시키는 일이라 다들 하긴 했지만 열애 보도를 좋아하는 기자는 별로 없었다. 특히 내 또래 기자들은 더욱. 가톨릭 아동 성범죄 논란을 보도해 퓰리처상을 받은 〈보스턴글로브〉의 스포트라이트 팀까지는 아니어도 파파라치는 되지 말아야지. 우리는 정보를 생산하고 전달하고 싶었지, 가십과 찌라시를 만들고 싶지는 않았다.

더 큰 문제는 몇몇 상사들의 사고방식이었다. 모 기자는 "열애설은 연예기사의 꽃"이라고 말했다. 저 사람은 연예와 연애를 구분 못하는 건 아닐까. 회사의 어떤 간부는 "우리의 롤모델은 〈더 선The Sun〉"이라고 말하기까지 했다. 〈더 선〉이 어디인가. 황색언론의 대표주자 격인 영국 신문사(라 쓰고 찌라시라 읽는) 아닌가. 좋은 의미로든 나쁜 의미로든 유명세를 치르는 매체라 대중적인 영향력은 거대하지만 언론사가 자기 입으로 롤모델로 꼽을 만한 곳은 아니다. 아니, 아무리 연예보도가 중심인 신문이어도 그렇지. 너무한 거 아니냐고.

평생직장이라는 개념이 엷어져서인지, 상대적으로 오래 다니고 싶게 만드는 조직의 비결이 날로 중요해지고 있다. 사람들은 '구글의 성장 비결', '작은 스타트업의 통 큰 복지', '정체된 대기업을 성장세로 돌린 기발한 조직문화'에 주목한다. 포스팅에 공감을 누르고 SNS에 공유한다. 그리고 갑질, 성희롱, 임금체불, 학대 수준의 노동착취를 다룬 기사에 분노한다.

사회생활 초반, 나는 재미있지만 보람차지 않은 일을 하는 게 아쉬웠다. 과거의 영광만 생각하고 새로움을 거부하는 분위기의 회사를 박차고 나온 적도 있었다. '공정'을 중시하는 MZ세대는 소통하기 어려운 조직문화를 견디지 못한다. 업무강도에 비해 급여와 복지 수준이 떨어진다면 이직과 퇴사가 일상적인 요즘 세상에서 직원을 붙잡아두기 어렵다.

당신이 일하고 싶은 조직, 공간은 어떤 모습인가? 내가 일하고 싶은 공간의 모습은 무엇일까? 자세한 이야기는 다음 페이지에서 이어가 보자.

회사에서 얻을 수 있는 것, 없는 것

인턴 기자 3개월 차. 나의 가능성을 믿고 뽑아준 회사에 대한 고마움도 잠시, 이게 나랑 맞는 일인지 의구심이 들기 시작했다. 어제보다 나은 오늘을 상상했는데 어제보다 달라도 너무 다른 불규칙한 스케줄, 월급은 (인턴이라 어쩔 수 없었겠지만, 정규직 전환 후에도 고만고만했다) 쥐꼬리만도 못했고, 술은 또 왜 그렇게 많이 마시는지.

술은 사회생활 최대의 난제였다. 아마 아인슈타인과 스티븐 호킹 박사가 한꺼번에 달라붙어도 혀를 내두르실 거다. 인턴 출근 첫날, 술을 진탕 마셨다. 이것도 사회생활이겠거니 생각하며 주는 대로 받아마셨다. 선배 기자에게 "죄송합니다!"를 연발하며 간신히 집에 도착했는데, 죄송할 만도 했다. 그 선배는 못난 인턴을 환영한다고 멀리 부산에서 취재를 마치고 서울로 갓 돌아온 상황이었으니까.

다음 날 술이 반도 깨지 않은 채 알람을 듣고 눈을 떴다. 알람을 들은 게 신기했던 마음도 잠시, 속에서 역한 느낌이 올라와 초인적인 힘을 끌어올려 화장실로 달려갔지만 1% 모자랐다. 거실 바닥에 전날 저녁 메뉴를 너저분하게 늘어놓은 나와 그런 아들을 안쓰러워하며 바닥을 함께 치우는 어머니를 보며 '이 일을 잘 선택한 걸까?' 하는 생각이 살짝 스쳤다.

술자리도 일거리도 많은 연말, 고민도 함께 쌓여만 갔다. 인생 선배를 만나 물어보고 싶었다. 나 지금 잘하고 있는 거냐고.

내 마음을 읽었는지 아니면 진짜 신이 존재하는지는 모르겠지만, 그날 페이스북에 글 한 편이 떴다. 대학생, 취업준비생들의 고민을 듣고 생각을 나누고 싶다는 CEO의 글이었다. 나는 얼굴도 모르는 그분께 DM을 보내 고민을 두서없이 늘어놨다. 대체 난 무슨 생각이었을까. 내 징징거림을 확인한 그분은 며칠 뒤 광화문 모처에서 저녁이나 먹자고 하셨다. 지푸라기도 못 잡은 채 표류하던 내가 제안을 받아들인 건 당연했다.

그렇게 12월 어느 날, 〈대학내일〉 김영훈 대표님을 만났다. 일

식집에 마주 앉아 또 고민을 털어놨다. 그때도 진짜 두서없었는데 내용을 요약하면 '이 회사가 나랑 맞는지 모르겠다'는 것이었다. 날카롭지만 한없이 따뜻한 표정으로 내 이야기를 다 들은 대표님이 조용히 말문을 열었다.

"취업준비생들이 생각보다 잘 모르는 게 있는데, 일의 의미도 중요하지만 청년들은 경제적으로 자립하는 시간을 갖는 게 무엇보다 중요해요."

당연한 말인데 아차 싶었다. 기사든 사진이든 영상이든, 콘텐츠로 꾸준히 좋은 영향을 미치려면 우선 내 삶이 지속가능해야 한다. 제대로 이직을 못하면 연봉 올리기 어려운 불경기에 현실감각은 없고 이상만 높은 서툰 몽상가가 그곳에 있었다.

그날 이후 기자사관학교 같았던 첫 직장에서 견뎌보기로 했다. 사진기자로 3개월, 영상기자로 3개월을 보냈다. 사진에서 영상으로 넘어간 건 내 선택. 사진은 가장 애정하는 취미이자 자아실현을 위한 선택이었으므로 영상을 찍어 돈 버는 길을 선택했다. 비슷한 현장을 여러 번 취재하면서 경험치가 쌓인 덕분에 오늘의 핵심 내용이 뭔지 빠르게 파악할 수 있었다. 거기에 실시간으로 사진기사를 마감하며 빨라질 대로 빨라진 손놀림(?)은 영상을 편집하고 마감하는 후반작업에서 확실히 빛을 발했다. 여기서 나는

'모든 경험은 언젠가 서로 연결된다'는 말을 체감했다.

다양한 현장을 취재하며 재미있게 일한 지 3년이 흘렀을 때 매너리즘이 왔다. 기자로서 현장을 취재하는 것은 의미 있는 일이지만, 보도 영상을 넘어선 무언가를 만들어보고 싶었다. 회사에서는 자아실현하는 게 아니라는데, 그래도 내가 좋아하고 하고 싶은 것 중 일부라도 회사에서 실현할 수 있다면 나쁠 것 없지 않나?

두 번째 직장은 언론사의 뉴미디어 담당 부서였다. 엄격한 규율로 다져진 기자 사회와는 분위기가 또 달랐다. 내 생각이 존중받는 팀 분위기 속에서 다양한 시도를 해볼 수 있었다. 카드뉴스가 유행일 때는 내용이 탄탄한 카드 콘텐츠를 만들어 기사를 출고했다. 유튜브 크리에이터가 새로운 유망직업으로 주목받기 시작한 2016년에는 유튜버들을 인터뷰했다. 이슈를 설명하는 영상도 만들고, 전자제품 리뷰 영상을 제작하기도 했다. 첫 회사보다 더 다양한 시도를 할 수 있어서 좋았다.

그다음 세바시로 이직하며 직업을 바꿨다. 기자에서 PD로. 지금은 뉴스를 넘어 스토리텔링이 가미된 웰메이드 콘텐츠를 만들 수 있어서 좋다. 기자로 일할 때보다 더 다양한 분야의 사람을 만나게 되는 것도 좋다. 기자는 자신의 담당 분야를 중심으로 지식과 정보, 인간관계를 쌓아가는 반면 베스트셀러 작가, 연예인, 유명 교수, 자영업자, MZ세대, 크리에이터 심지어 나노공학자까지 만날 수 있는 세바시 환경은 항상 새로워서 좋다.

그러나 아무리 좋아도 본업에 장점만 있을 수는 없다. 첫 번째 직장에서 3년 동안 1500편이 넘는 영상기사를 제작했고, 두 번째 직장에서 분야를 가리지 않고 기획 콘텐츠를 만들었다. 분명히 재미있게, 열심히 했는데 마음 한편이 공허했다. 애써서 만든 콘텐츠가 하루, 아니 몇 시간 만에 휘발되는 인터넷이라는 매체의 한계 때문이었다. 한편으로 내 생각이 많이 가미된 콘텐츠를 만들고 싶은 열망도 나날이 커졌다.

본업에서 채우지 못하는 갈증을 달래기 위해 적절한 딴짓이 필요하다. 순식간에 휘발되는 콘텐츠보다 누군가에게 오래 남는 콘텐츠를 만들고 싶은 마음과 내 생각을 담은 콘텐츠를 만들고 싶다는 마음 모두, 지금 충분히 성장하고 있지 않다는 불안감에서 돋아나는 감정이다. 그래서 인터뷰를 기획하고 퇴근 후에 사람들을 만났다. 인터뷰를 정리해 차곡차곡 원고를 써내려갔다. 나만의 콘텐츠를 만들고 싶다는 갈증은 책을 출간하면서 어느 정도 해소할 수 있었다.

경제적 자립만큼이나 회사의 성장이 개인의 성장과 연결될 수 있는지도 중요하다. 실제로 세바시에서 일한 뒤부터는 많은 강연을 보고 들으면서 사이드 프로젝트로서 내 강연을 기획하는 데 도움을 받았다. 단순했던 구성이 더 알차게 채워지고, 참가자들의 평가도 조금씩 좋아졌다.

본업과 내적인 열망 사이에 '딴짓'이라는 연결고리를 걸어보자. 본업에 생산적인 딴짓을 적절히 섞으면 내 한계를 넓힐 수 있고 지속적인 일을 만들 수 있다. 본업에 최선을 다하며 불황 속에서 경제적 자립을 유지하고, 본업에서 해소되지 않는 스트레스나 욕구는 딴짓으로 해소하는 것이다. 내가 책을 출간한 것처럼 자아실현도 가능하다. 스트레스가 해소되면 다시 본업을 이어갈 수 있는 힘을 얻는다. 본업과 딴짓은 반드시 선순환 구조를 이뤄야 한다. 본업에 지치고 짜증 나서 도피하듯 딴짓을 시작하면 오래가기 어렵다. 되레 본업에서 오는 스트레스는 1도 해소하지 못한 채 표류하기 십상이다.

2020년 한 해 동안 코로나19로 퇴직을 결정한 분들의 소식을 종종 접했다. 나는 과연 당장 회사를 벗어나서도 스스로 생존할 수 있는 사람일까? 고민 하나가 떠나니 새로운 고민이 온다. 이번에도 답은 본업과 딴짓 사이 어디쯤에 있을 것이다.

새로운 환경에 나를 노출해본 적 있나요?

지금 나는 최근에 자주 들르던 집 앞 프랜차이즈 카페를 벗어나 공릉동 경춘선 철길 근처 카페에 와 있다. 평소에 가보고 싶다는 생각을 종종 했지만 연이 닿지 않던 곳이다. 일부러 창가 바 자리에 앉았다. 노트북을 켜고 고개를 드니 창밖 사람들이 보인다. 산책하는 사람들, 인공폭포에 홀려 5분 동안 같은 자리에서 한 발짝도 떼지 못하는 볼살 통통한 아가, 천사 날개 벽화 앞에서 서로를 찍어 주는 동네 사람들. 일부는 친구처럼, 일부는 연인처럼 보인다. 그리고 모든 상황을 관찰하며 소중한 산책길을 재촉하는 포메라니안까지도. 오늘 여기 오지 않았다면 알지 못했을 따스한 풍경이다.

새로운 공간은 마음을 환기시킨다. 기분 좋은 풍경을 봤을 뿐인데 글도 잘 써지는 것 같다. 오늘의 탐험은 대성공이다.

전생에 비버였는지 어디를 가든 나만의 아지트를 찾아 나선다. 여러 곳을 들락거리다 좋아하는 공간이 생기면 그곳만 찾아가는 성향이다. 가끔은 낯선 공간을 찾아 들어가기도 하지만.

서울 지하철 4호선 라인에서 살아온 27년의 역사를 뒤로 하고 몇 년 전 6호선 라인으로 이사왔다. 덕택에 합정이나 이태원에 놀러 가는 날이 늘었다. 그날도 괜히 힙한 동네를 거닐고 싶었던 나는 한강진역에 내려 이태원 방향으로 걸음을 옮겼다. 경로는 비슷하다. 한남동은 조금만 잘못 들어서면 가파른 언덕을 오르내릴 수 있어서 너무 깊은 곳까지 들어가는 날은 많지 않다.

한강진역 근방 골목을 유영하듯 지나 유명 광고회사 건물을 거쳐 이태원역에 점점 가까워진다. 오랜만에 가고 싶었던 카페는 휴무이고, 괜찮아 보이는 곳은 어김없이 만석이었다. 생각보다 오래 걸어 목이 타기 시작한 나는 이윽고 어느 골목에 다다랐다. 몇 년을 놀러 다녔는데 저 안쪽으로 단 한 번도 발을 내딛은 적 없는 골목이었다.

딱 한 블록만 더 들어가 봤다. 그날 내 마음은 무엇이었을까. 그냥 한번 들어가 보고 싶었을까, 아니면 밑져야 본전이라는 심정이었을까, 발이 아파서 어디든 앉아 쉴 곳이 필요했던 걸까. 미지의 그곳에 카페가 있었다. 1990년대 쌍문동 느낌이 나는 오래된 동네에서 유독 파란 지붕이 인상적이었다. 큼직한 화분이 놓인 내부 인테리어도 마음에 들었고, 커피도 괜찮았다. 한 블록 더 들어갔을 뿐인데 새로운 아지트를 찾을 수 있었다.

생각해보면 변화는 항상 새로운 환경에 나를 노출했을 때 찾아왔다. PD라는 꿈만 꿨지 할 줄 아는 게 아무것도 없었던 대학교 1학년 여름 명동에서의 첫 촬영처럼, 공연을 해보고 싶어서 공연 동아리를 만들었던 그날처럼, 유튜브 크리에이터들이 궁금해서 시작한 인터뷰 프로젝트가 책이라는 결과물로 이어진 것처럼.

이제는 잘 변화하는 것도 능력인 시대가 되었다. 내 주변에도 날마다 다른 직장으로 출근하는 분, 코로나19로 퇴사하고 팀원들과 새로운 회사를 차린 분, 한 회사의 개발자면서 동시에 클럽하우스의 인싸로 활발하게 활동하는 분 등 변화를 통해 성장하는 사람들이 있다. 요즘같이 불확실성투성이인 세상에서 새로움이 두렵다면 내 영역에 한쪽 발을 단단히 두고, 알 수 없는 그곳에 다른 쪽 발을 내딛어보자. 조금은 적극적으로 새로운 환경에

의도적으로 나를 노출해보자. 내 영역을 더 넓고 깊게 확장해나가는 것은 물론, 막연한 두려움을 예방하는 마음 근육도 키울 수 있을 것이다.

작은 커뮤니티 기획하기

같은 취향을 가진 사람을 만나는 일은 즐겁다. 과제와 아르바이트에 바쁜 대학생들이 동아리를 꾸리고, 직장인이 커뮤니티에 참여하는 이유일 것이다. 이제는 처음 보는 사이도 취향으로 묶여 친구가 된다. 때로는 이런 모임들에서 새로운 딴짓을 시작할 수도 있다.

피키캐스트 에디터를 제안했던 동생이 커뮤니티를 하나 만들어보자고 했다. 한창 독서모임에 즐거움을 느끼던 내 귀를 간질였다. 아무튼 이 친구는 치고 들어오는 타이밍을 잘 안다. 둘 다 뉴미디어에 종사하고 있으니 아는 것부터 시작해보기로 했다.

아는 분들은 아시겠지만 우리나라는 작은 커뮤니티를 운영하려는 사람들에게 지원금을 준다(고맙게도 장소까지 지원해준다). 우리는 서울시의 지원을 받아 파일럿 모임을 진행했다. MCN^Multi Channel Network, 온라인 커머스 등의 주제를 정하고 서울시청 신청사 건물 지하에서 모임을 열었다.

가는 날이 장날이라고, 그날따라 새벽부터 비바람이 몰아쳤다. 첫 모임의 호스트는 대형 MCN 회사의 매니저였고, 주최자 2인을 포함해 10명 남짓 모였다. 참가자 중에는 구독자 50만 명의 유튜브 크리에이터도 있었고, 패션 브랜드 유튜브를 운영하는 분도 있었다. 나 같은 레거시 미디어 종사자도, MCN 업계 취업을 꿈꾸는 대학생도 함께했다. 우리는 모두 초면이었지만 고민은 같았다.

'왜 뉴미디어는 성공하지 못할까?'

한국은 콘텐츠를 소비하는 내수시장이 작은 편이다. 그런데 트렌드에는 또 어찌나 민감한지, 뭐 하나 인기를 끌면 누구보다 빠르게 그 분야로 몰려든다. 아마 한국은 인구 대비 개인방송 제작자가 가장 많은 나라가 아닐까. 작은 시장을 여러 창작자들이 나눠 가지니 한때 잘나가던 유튜브 채널이나 콘텐츠 플랫폼도 몇 년 뒤면 사라지는 일이 허다하다.

신문이나 공영방송 같은 레거시 미디어도 답답하기는 마찬가지다. 젊은 직원들은 트렌드에 맞춘 콘텐츠를 만들고 싶지만, 과거의 영광에만 취해 있는 일부는 딴지를 건다. 회사에서 모두 털어놓을 수 없었던 각자의 고민을 내놓다 보니 두 시간이 금세 지나갔다. 우리는 느슨하게 서로 연대했고 일부는 새로이 관계를 이어갈 수 있었다.

파일럿 3회를 마친 뒤, 다음 프로젝트는 독서토론 모임이었다. 이번에는 청소년, 청년, 도시, 다문화, 복지를 주제로 모임을 기획했다. 모든 모임은 3시간 동안 이어졌는데 시간 구성은 다음과 같았다.

1. 호스트가 선정한 도서를 읽고 오기
2. 1시간 동안 주제에 맞춰 글쓰기(호스트와 주최측이 글쓰기 주제 3가지를 정하기)
3. 글쓰기를 통해 생각을 정리하고 2시간 동안 호스트와 함께 토론하기

3시간은 너무 길지 않을까 싶었지만 기우였다. 핵심은 글을 쓰는 1시간. 참가자들은 책을 일독했건 못했건 1시간 동안 글을 쓰며 생각을 정리할 수 있다. 생각은 머리로 떠올릴 때보다 손으로 직접 쓰는 과정을 거치면서 훨씬 명료하게 정리된다. 각자 한 장

혹은 몇 장짜리 생각 종이를 갖고 있으니 토론 중에 사고를 확장하기가 쉬웠다. 글을 통해 모두가 토론에 참여할 수 있었고, 나와 동생은 토론에 적극적으로 참여하지 못하는 사람들에게 적절히 발언권을 주기만 하면 되었다.

다른 독서모임과 콜라보하기도 했다. '도시가 행복해야 내 삶도 행복하다'라는 주제로 연 모임은 《도시의 발견》을 쓴 서울시립대 정석 교수님과 함께했다.

각자 살고 싶은 공간(집, 마을, 도시)은 어떤 모습일까? 나는 한국 도시의 정체성이 너무 모호하다고 주장했다. 대한민국 제2의 도시이자 영화의 도시라 불리는 부산, '한옥마을'을 중심으로 한국의 전통적인 멋을 엿볼 수 있는 전주, 화산섬이라 지리적 특징이 남다른 제주도를 제외한다면 명확한 이미지가 떠오르는 지역을 찾기 어렵다. 특히 국가 설립 이래 '보존'보다 '개발'을 선택해온 서울은 그 정도가 심했다. 전통은 꾸준히 파괴돼왔고, 삼청동이나 경리단길처럼 기껏 새로운 문화가 자리잡은 지역은 젠트리피케이션으로 날개를 채 펼치기도 전에 꺾였다. 지금 주목받는 동네 중 적잖은 곳이 같은 이유로 몰락할 것이다.

그때 다른 참가자가 입을 열었다.

"저는 도시의 정체성도 좋지만 '누구랑 사느냐'가 더 중요하다고 생각해요."

이날 모임에서 가장 인상적인 순간이었다. 맞는 말이다. 공간에는 추억이 새겨진다. 그리고 추억의 주체는 결국 사람이다. 지금 나는 오랜만에 수유동에 와 있다. 서울시 강북구 수유4동, 초등학교 2학년 때 이사와 10년 가까이 살았던 동네다. 어릴 적 추억을 공유하는 친구들이 지금도 살고 있다. 글을 쓰고 있는 카페를 나서면 눈앞에 공원이 하나 있는데, 중학교 3학년 때 졸업앨범에 들어갈 단체사진을 찍은 4·19 민주묘지다. 여기서 한 블록쯤 올라가면 옛날에 살았던 빌라가 아직도 그대로 있다. 나에게 수유동은 '편안함' 그 자체다. 언젠가 이사를 해야 한다면 난 이 동네를 언제든 후보에 올릴 것이다.

앞으로 살아갈 공간은 새로운 사람과의 추억으로 채워질 것이다. 집을 추억의 공간으로 만들고, 좋은 이웃을 만나 5년이고 10년이고 교류할 수 있다면, 우리의 자녀와 그들의 자녀가 친구가 되어 추억을 채울 수 있다면, 그 도시가 어디든 그곳은 '살고 싶은 공간'으로 남을 게 분명하다.

'우리가 살고 싶은 도시', 도시인이기에 누구나 고민해봤던 주제이지만, 원하는 도시와 공간의 결은 모두 달랐다. 살아온 배경이 다르고, 각자의 상이한 경험이 서로 다른 가치관을 쌓아왔기 때문이다. 그리고 그 덕분에 나는 그날 내 주장에만 갇히지 않고 새로운 시각을 얻을 수 있었다.

회사에 들어가는 순간 우리는 순수하게 대화할 기회를 잃고 상황을 전하는 대화, 전략 기반의 대화, 설득하기 위한 대화에 익숙해진다. 회사란 대개 목적이 있는 대화가 오가는 공간이고, 우리가 설득해야 하고 성공해야 하는 사회를 살고 있는 탓이기도 하다.

그럼에도 우리는 회사 안에서 믿을 만한 내 편, 속 이야기를 터놓을 수 있는 사이를 찾는다. 하지만 쉽지 않다. 믿을 수 있다고 여겼던 동료나 선후배에게 뒤통수 맞는 일은 드라마나 영화에서만 등장하는 사건이 아니다. 현실은 그만큼 잔인한 일면을 갖고 있다.

작은 모임에 참여해보자. 나아가 기회가 된다면 좋은 사람들을 만나 교류하고 모임을 만들어보자. 그곳에서는 잠시 강박에서 벗어나 진정으로 하고 싶은 말을 꺼내도 좋다. '내 생각과 다른 정답'이 있을 수 있음을 마음으로 깨닫기, 사람 대 사람으로 대화를 나누며 새로운 영감 얻기, 모임과 커뮤니티의 매력은 여기에 있다. 취향이 같다면 어디서든 새로운 친구를 만날 수 있다.

어떻게 일하고 어떻게 살 것인가

나만의 생산적인 딴짓을 갖고 있나요?

사업가도 아니면서, 프리랜서도 아니면서 적지 않은 사이드 프로젝트를 시도했다. '요즘 것들의 사생활' 팀과 나눈 인터뷰 영상에 '프로 딴짓러'라고 각인돼 있을 정도니 어지간했나 보다. 그런데 본업을 벗어난 딴짓이 생산적일 수 있을까? 생산적인 딴짓은 어떤 쓸모가 있을까?

딴짓이어서 행복한 사진

초등학교 6학년 때 첫 사진을 찍은 이래, 사진은 내가 가장 애정하는 활동이었다. 자연스럽게 내 첫 직업 또한 사진기자였다. 정확히는 6개월짜리 인턴, 유명 스포츠지의 인터넷 파트였다. 스포츠신문이긴 했지만 야구나 축구 같은 스포츠 현장보다 연예계 이모저모를 주로 취재했다.

재미난 직업이었다. TV에서나 보던 연예인이나 스포츠 스타를 눈앞에서 볼 수 있었고, 백상예술대상, 청룡영화상, 부산국제영화제 레드카펫의 화려한 순간을 함께할 수 있었다. 레드카펫 위에서 경쟁적으로 플래시를 터뜨릴 때면 뭐라도 된 기분이었다. 할리우드 스타를 만날 수도 있다. 인턴을 시작하고 두 달쯤 지났을 때 휴 잭맨이 내한했다. 뮤지컬 영화 〈레미제라블〉 홍보를 위해서였다. 원작 이상의 싱크로율을 자랑하는 울버린(휴 잭맨 하면 역시 울버린이지)을 만난다는 사실에 〈엑스맨〉 시리즈 팬이었던 나는 기대를 품고 인천공항에 도착했다.

약간의 기다림 뒤 분주해지는 선배 기자들. 드디어 선글라스를 쓴 '휴'가 모습을 드러냈다. 한국을 사랑하기로 유명한 배우답게 모든 팬들에게 친절했지만 내 팬심은 티낼 수 없었다. 아니, 티낼 여유조차 없었다. 그가 입국장 문을 열고, 짧은 사인회를 갖고, 차를 타고 떠나기까지 몇 분간 셔터를 눌렀다. 슈퍼스타를 만나 손이 떨렸는지 실수는 있었지만 아예 못 쓸 사진은 아니었다.

문제는 3개월 차에 찾아왔다. 일이 재미있고 신기하기는 한데, 내 사진이라는 생각이 들진 않았다. 나에게 사진은 내 생각을 표현하는 도구였고 앞으로도 그래야만 했다. 그러나 업으로서 사진은 달랐다. 찍고 싶은 사진이 아니라 찍어야 하는 사진을 찍는 자리였다. 그게 직업의 숙명이긴 하지만 누구나 찍는 똑같은 사진을 촬영하는 일정이 반복되니 사진 작업에 대한 동기부여가 옅어져만 갔다.

내게 사진은 직업이기 이전에 '탈출구'였다. 팍팍한 일상을 살아가는 나를 잠시 예술가로, 작가로 살 수 있게 해주는 비상구였다. 그런 내가 사진 찍는 게 싫어졌다. 하루 종일 찍는 사진을 주말에도 찍고 싶지는 않았다. 사진에 질려버리니 능률도 떨어졌다. 사진기자로 계속 인턴 기간을 보냈으면 아마 잘렸을 거다. 불길한 예감은 어느 정도 맞는 법이다.

죽으라는 법은 없었다. 때마침 회사에서 영상 파트를 강화하겠다는 방침이 내려왔다. 대학생 때부터 사진은 취미였고 영상으로 돈을 벌어왔으니 직무를 바꾸는 편이 낫겠다는 판단이 들었다. 취재 현장에서 다져진 빠른 마감속도는 내 강점이었다. 그렇게 3년 동안 1500개가 넘는 영상을 제작했다. 직업은 다시 재미있어졌고, 찍고 싶을 때 마음껏 찍게 되니 사진으로 다시 행복해질 수 있었다.

사진기자는 내려놨지만, 어릴 적부터 사진을 찍는 사람이 되고 싶었던 나는 거리를 기록하고, 사진전을 열고, 작품을 판매하면서 '사진 찍는 사람'으로 나를 구축할 수 있었다. 본업일 때보다 딴짓일 때 내 삶을 더 풍성하게 해주는 게 있다. 내게는 사진이다.

코인보다 안전한 수익, 글쓰기

콘텐츠를 만들며 항상 느끼는 아쉬움이 있었다. 온라인 콘텐츠의 숙명이기도 한데, 내가 만드는 이 징글징글한 콘텐츠가 오늘 보고 내일 잊히는 공기 같다는 점이다. 대부분의 콘텐츠가 시간이 흐르면서 대중의 기억에서 옅어지지만 모바일은 그 속도가 유독 빠르다. 뉴스라서 더 그럴지도 모른다. 때때로 엄청난 파급력을 일으키기도 했지만 뉴스는 대중의 일상과 같아서 아무 반응 없이 묻힐 때가 훨씬 더 많았다.

내일이 없는 콘텐츠. 내일이 뭐야, 몇 시간만 지나면 사라지는데. 그럴 때면 며칠 동안 쏟아부은 열정이 송두리째 무시당하는 기분이다. 그래서 생각했다.

'언젠가는 내 옆에 오래 함께하는 책을 써야지.'

책이 베스트셀러가 되어서 수많은 이에게 위로와 영감, 통찰을 전할 수 있다면 그것도 글 쓰는 사람으로서 사회에 공헌하는 일일 테다. 중학생 때 백일장에서 시로 입상한 적이 있고, 반 친구들을 독자 삼아 판타지 소설을 연재해본 적도 있다. 그 후 기자가 되어 쓴 글은 문학과는 거리가 있었다. 사회현상을 비판하고, 의견을 주장하고, 정보를 전달하는 글에 어느새 익숙해져 버렸다. 그렇다고 책까지 기사처럼 쓰기는 싫은데, 무엇을 어떻게 써야 할까?

기왕이면 독자에게 직접적으로 도움 될 수 있는 책이면 좋겠다고 생각했다. 물론 내가 잘 아는 내용이어야 했고. 고민 끝에 내린 키워드는 '꿈' 그리고 '진로'였다. 마침 알고 지내던 진로교육 전문 기업에서 "우리 진로서적 시리즈가 있으니 기자 편을 써보시라"고 제안했다. 일을 시작한 지 만 4년이 될 무렵이었다.

그 길로 기자 6명을 인터뷰했다. 하필 국정농단 사태가 터지는 바람에 모든 기자들이 바쁠 때였지만 무사히 책을 출간할 수 있어서 다행이었다. 첫 책에 어설픈 사인을 하고 소중한 분들에게 전달하는 기분도 좋았다. 그리고 생각했다. '다음에는 더 잘 써봐야지.'

아무튼 첫 책을 출간했다. 그렇게 생애 처음으로 책을 팔아 돈을 벌었다.

Mnet의 〈너의 목소리가 보여〉는 내가 가장 즐겨 보는 음악 예능이다. 음치 속에 숨은 실력자를 가려내는 이 프로그램에는 가수를 꿈꿨던 수많은 일반인이 출연한다. 내가 가장 좋아하는 출연자는 한국수자원공사에서 일하는 신바람 최박사님이다. 가수 환희가 음치라고 확신한 그는 웬만한 록 그룹 보컬을 고음으로 제압할 만큼의 실력자였다. 그가 선곡한 '사랑, 결코 시들지 않는'의 첫 마디를 듣고 소름이 돋았다. 경이로웠다.

'다들 빛나는 사람들이구나.'

〈너목보〉 출연자들은 주차장 관리인으로서, 공사장 인부로서, 아르바이트생으로서, 엄마로서 자신의 역할에 충실하며 꿈을 이어가고 있었다. 최박사님도 직업과 별개로 방송에 출연하고, 장기자랑대회에 나가 상을 받으며 '노래하는 사람'으로서 성취와 행복을 함께 잡고 있었다.

딴짓은 우리의 잃어버린 꿈을, 잠시 중단된 여정을 이어갈 수 있게 돕는다. 경제적 자립을 위해 한 가지 직업은 가져야 하는 현실에서, 내가 나로서 빛날 수 있는 가능성을 이어가는 실천이다. 내게는 사진이 그렇다. 직업이라는 굴레를 벗어난 사진은 예술가로 살고 싶은 내 갈증을 해소해줬다.

글쓰기는 '저자로서 나'를 만드는 동시에 작은 수익까지 선물했다. 시리즈로 책 세 권을 출간하면서 새해가 될 때마다 '연금' 같은 인세가 들어온다. 피키캐스트에 연재했던 2년 동안은 기고료로 월 100만 원이 넘는 부수입을 올리기도 했다. 어려운 일도 아니었다. 일을 마치고 잠깐의 시간을 투자하면 되었다. 어쩌면 요즘 같은 불경기에 주식이나 코인보다 안전한 밥벌이 수단이다.

우리는 꿈을 꾸지만, 암초를 만나 쓰러지기도 한다. 모든 개인은 그 자체로 빛날 자격이 있다. 생산적인 딴짓은 쓰러지지 않는 힘, 쓰러져도 일어설 수 있는 힘을 준다. 이 힘이 바로 딴짓의 쓸모다.

작은 목표가 주는 추진력을 느껴보았나요?

작심은 '삼일'로 끝나고, 사랑은 '짝'사랑에 머문다. 성공적일 줄 알았던 내 인생은 '이생망'이며 오늘보다 나은 내일을 찾는 것도 쉽지 않다. 그렇다. 인생은 계획대로 흘러가는 법이 없다.

새해가 되면 불타나게 팔리는 도구가 있다. 목표를 적고, 계획을 적는 다이어리다. 1월 1일, 1이 두 번이나 있는 이날은 뭔가 새로운 꿈을 꾸게 만드는 마법이 있는가 보다. 새해를 맞아 '건강한 몸을 만들 거야', '올해는 솔로 탈출!', '베스트셀러 작가가 되겠어' 같은 나를 향한 선언이 이어진다. 하지만 우리는 반복된 경험을 통해 이 선언의 대부분이 정치인들의 공약마냥 흐지부지될 것을 알고 있다. 더 안타깝게도 우리는 '인간은 망각의 동물'이라는 사실조차 잊는다. 야심차게 세운 올해의 목표는 이듬해 같은 날 똑같이 세워진다. 아쉬움 혹은 미련이리라.

내게는 독서가 그랬다. 초등학교 4학년 때부터 쭉 안경을 써서인지 '책을 많이 읽을 것 같다'는 말을 많이 듣는다(그래도 이런 선입견이라니, 영광입니다). 그러나 나 또한 대한민국의 독서인구 감소와 독서량 저하에 일조하는 1인일 뿐이다.

2020년 말, 새해를 앞두고 '이대로는 안 되겠다' 싶었다. 1월 1일부터 책을 읽으면 1월 4일쯤 망할 것 같아서 정확히 2020년 12월 28일, 연말부터 독서를 시작했다. 물론 이 정도 의지만으로는 부족하다는 것도 잘 알고 있다. 사회생활을 하는 내내 '책을 많이 읽겠다'는 목표를 세웠지만 10여 년간 꾸준히 실패한 역사가 있기 때문이다.

함께 독서습관을 만들 파트너가 필요했다. 당장 SNS에서 사람들을 모았다. 1월 1일에 함께 시작해야 의지가 내일로, 모레로 계승될 테니 고민할 시간은 없었다. 정사각형 모양의 카드 이미지를 만들어 인스타그램과 페이스북에 올렸다. 포스팅을 마치고 잠든 다음 날.

인스타그램 DM에 불이 났다. 고작 하룻밤 새 30명이 동참 의사를 밝혀왔다. 순전히 새해를 앞둔 덕이다.

혼자 하려던 '습관 만들기'를 갑자기 30명으로 확대하는 건 아무리 내 의지가 대단해도 부담스러웠다. 이걸로 사업할 게 아니니까. 무엇보다 내가 무리하면 안 되고, 스스로 재미있어야 했다. 그래서 참으로 죄송하게도 절반인 15명만 받았다(제가 뭐라꼬예…). 나까지 16명이 1월 1일부터 '출근길 책읽기'를 시작했다.

목표는 77일, 50일은 조금 짧은 것 같고 100일은 너무 긴 것 같아서다. 습관이 자리잡는 데에는 약 66일이 걸린다고 한다. 여기에 딱 11일 더해서 77일이면 괜찮겠다 싶었다. 숫자 6보다 7이 주는 산뜻함도 선택에 한몫했다.

얼굴도 모르는 사람들이 단톡방에 한 분 한 분 입장했다. 우리는 같은 목표를 공유하고 느슨히 이어졌다. 이름은 출근길 책읽기를 줄인 '출책'이었지만 방식에 제한은 없었다. 20대에서 30대까지 모인 우리에겐 각자의 사정이 있으니까. 호스트인 나처럼 주 5일 지하철로 출근하는 분들도 있었지만, 아르바이트 날이 아니면 대중교통을 이용하지 않는 대학생도 있었다. 어떤 분은 출근 시간이 상대적으로 짧았다. 직접 운전해서 출근하는 분은 시간이 길고 짧음을 막론하고 책을 읽을 수 없는 환경이었다.

컨셉은 '출근길' 책읽기지만 목표는 (출근길) '책읽기'였기에 각자 책을 읽을 수 있는 시간을 탐색하도록 했다. 덕분에 호스트 역할이 조금 바빠졌다. 새벽같이 인증하는 분도, 모두가 잠들었을 시간에 인증하는 분도 있었기 때문이다. 각자 자신에게 적합한 시간대를 모두 확인했을 때쯤, 자연스럽게 인증 마감 시간도 정해졌다. 새벽 2시였다.

독서 루틴 만들기가 어려운 가장 큰 이유는 책을 읽는 행위가 생존에 필수적인 요소는 아니기 때문이다. 독서를 통해 세상을 바라보는 시야를 확장하고, 시공간을 초월한 경험을 쌓을 수 있다. 인생을 살아가는 데 필요한 무기를 얻기도 한다. 하지만 책 좀 안 읽는다고 배고파 죽을 일은 없다. 회사에서 잘릴 위험도 없고, 책 안 읽는다고 월급을 적게 주지도 않는다. 인간은 자신에게 급한 것부터 처리하려는 본능이 있어 새해에 세운 독서 목표가 뒤로 밀리기 일쑤다. 우리 모임도 그랬다. 누군가는 목표에 다다랐고, 누군가는 해결해야 할 일에 밀려 챌린지를 멈춰야 했다.

다음은 호스트이자 멤버로서 77일 루틴을 마친 내 짤막한 후기다.

1. 77일 동안 17권을 읽었다. 4~5일에 한 권 꼴이며, 1년치 독서량을 넘어섰다.
2. 월요일부터 토요일까지 책을 읽고, 주말은 줌 모임으로 대체

했다. 가장 힘든 날은 외부 스케줄이 없던 토요일이었다(침대에서 빠져나오기 힘들었다).

3. 모든 책을 정독하지는 않았다. 유심히 읽은 책은 3~4권 정도다. '책'을 읽는 것보다 책을 '읽는' 것에 집중했다.

4. 챌린지를 성공할 수 있었던 가장 큰 이유는 호스트로서 책임감이었다.

5. 하루에 가장 적게 읽은 분량은 3페이지, 가장 많이 읽은 분량은 한 권이다.

6. 77일은 만만한 기간이 아니었다. 독서는 생계와 밀접하지 않기에 후순위로 밀리기 쉽고, 특정 시점부터 하루이틀 밀리는 사람들이 생겨났다.

7. 컨셉이 컨셉인지라 지하철로 출근하는 분들이 아무래도 유리했다.

8. 각자 원하는 시간에 책을 읽도록 했다. 당일 인증 마감은 다음 날 새벽 2시까지였다.

9. '기분 좋은 압박을 느껴 좋았다'는 분들이 많았다. 반응이 좋았던 건 참여한 모든 분들이 좋은 이들이기 때문이다.

10. 가장 아쉬운 점은 코로나19 때문에 한자리에 모이지 못한 것이다.

아주 만족스러웠다. 한 달에 한 권 제대로 읽을까 말까 했던 내가 두 달 남짓해서 연간 독서량을 넘어섰으니 이 정도면 꽤나 성공적이지 않은가.

"새해마다 늘 뭔가에 도전하지만, 보통은 혼자 하는 챌린지나 목표였기에 꾸준히 지속하기 어려웠어요. 이번에는 같이 도전하는 분들과 함께할 수 있어서 더 오래 지속할 수 있었습니다. 그동안 제가 해왔던 독서 챌린지는 (특정 기간 동안) 몇 권의 책이나 일정량을 읽는 게 목표였는데, 우리 모임은 힘들 때는 2~3장만 읽고도 인증할 수 있어서 좋았습니다. 책 읽기 부담스러운 날은 가볍게, 더 많이 읽고 싶은 날은 읽고 싶은 만큼 더 읽을 수 있어서 참 좋았던 것 같습니다. 언젠가 꼭 같이 오프라인 모임을 하는 날이 왔으면 좋겠어요."

나와 함께 77일 출근길 책읽기를 마친 어느 참가자의 피드백이다.

꿈은 원대하되 목표는 작을수록 좋다. 남들이 "그게 무슨 목표냐?"라고 비난할 정도로 쪼갤 수 있으면 베스트다. 적어도 내가 원하는 방향의 성장을 위해서라면 말이다. 눈에 잡힐 법한 목표를 쌓아갈 때 우리는 느리지만 확실한 성장과 마주할 수 있다. 대단한 목표를 달성하는 것도 대박을 꿈꾸는 것도 좋지만, 내가 설정한 목표를 달성한다는 본질적인 욕구에 도달하는 것이 더 긴요하다.

거대한 꿈을 쪼개면 목표가 되고, 목표를 쪼개면 계획이 된다. 계획을 실천하면 목표가 이뤄지고, 목표 달성이 반복되면 꿈이 이루어진다.

여기서 잠깐! 책을 읽고 싶다면 절대 가방에 넣지 말 것. 지퍼나 단추로 잠글 수 있는 가방보다 에코백이 낫고, 에코백보다 손에 드는 게 더 낫다. 겨울이라면 코트나 패딩 주머니에 들어갈 만한 작은 책으로 시작하는 것도 좋다. 독서에 대한 부담감을 줄이고 손에서 스마트폰을 최대한 멀리해보자.

세부목표 설정하기 :
어떻게 하면 목표에 가까워질 수 있는 계획을 세울 수 있을까요?

의미 있는 일과 나아가야 할 방향을 찾았다면 이제 무슨 일을 해야 하는지 알아야 할 때입니다. 표를 그려서 경험 리스트에서 찾아낸 나의 방향과 그 이유, 핵심역량, 목표 그리고 목표를 쪼갠 세부목표를 적어보세요. 목표마다 세부목표는 3개씩 채운다고 생각하고 칸을 채웁니다.

여기 적은 모든 계획을 완료할 필요는 없습니다. 지금 당장 시작할 수 있는 것부터 하나씩 채워가 보세요. 목표를 이루기 위해 무엇이 필요한지 알고 있는 상태에서 한걸음 나아가는 게 중요합니다.

방향 :

이유 :

핵심역량 :

목표 1 :

세부목표(계획)

-

-

-

목표 2 :

세부목표(계획)

-

-

-

〔예시〕 조재형의 세부목표

방향 : 꿈을 찾는 조력자, Dream Seeker
**이유 : 진로교육을 잘 받지 못하고 자란 1인으로서 청소년, 대학생들이 꿈
을 찾는 데 도움 주고 싶음**
핵심역량 : 진로 관점에서 직업을 설명할 수 있는 전문성

목표 1 : 책 쓰기

세부목표(계획)
- 출간계획서 작성하기
- 계약할 출판사 리스트업하기

목표 2 : 강의력

세부목표(계획)
- 강의안 리뉴얼하기
- 새로 반영할 트렌드 찾기
- 최신 통계로 업데이트하기

목표 3 : 인터랙티브 강화하기

세부목표(계획)
- 청소년, 대학생의 고민 파악하기

- 토론 질문 준비하기

목표 4 : 줌 운용 능력 갖추기

세부목표(계획)

- 유료 계정으로 업데이트하기
- 소회의실 기능 익히기

완벽하지 못한 내 모습에
실망하고 있나요?

창작자에게는 결과물을 완성한 뒤에 더 좋은 아이디어가 떠오르는 고질병이 있다. 마치 2번과 4번 사이에서 고민하다가 2번을 찍고 제출하자마자 정답이 4번인 걸 깨달은 수능날처럼.

내 두 번째 수능이 그랬다. 문과생 치고 수학 시험 결과가 제법 괜찮은 편이었다. 교내 수학경시대회에서 이과 친구들을 제치고 학교 대표로 시 대회에 나가보기도 했고(물론 본선 광탈했다), 모의고사 수리영역에서 만점을 받은 적도 있다. 다른 문과생들이 쉬이 갖추지 못한 무기를 들고 있는 셈이었다.

하지만 실전에서는 항상 수학이 문제였다. 스무 살 겨울의 수능에서 끝까지 나를 괴롭혔던 문제의 답을 체크하고(찍고) 답안지를 제출하는 순간, 마법에 걸렸다가 풀린 것마냥 진짜 답이 몇 번이었는지 깨달아버렸다. 생각해보니 쉬운 문제였다. 날아간 점수는 고작 4점이었지만 상실감은 10배가 족히 넘었다. '틀렸다'는 아쉬움은 시험이 끝나는 순간까지 강박적으로 나를 괴롭혔다.

수능을 본 지 10년이 훌쩍 넘은 지금도 생생히 떠오르는 걸 보면 어지간히 충격이었나 보다. 돌이킬 수도 없는 결과를 가지고 한동안 자책을 멈추지 못했다. 괴로워해봐야 변하는 게 없는데도 그랬다.

비단 수능만 그럴까. 살면서 해온 온갖 시도가 아쉬움투성이다. 첫 책을 다시 펴본다. 아쉬운 부분이 많다. '더 잘 쓸 수 있었을 텐데 왜 이 정도밖에 못 썼을까?' 싶다. 하지만 이제는 그러지 않기로 마음먹어 본다.

모든 결과는 한정된 시간 속에서 치열하게 고민한 열매다. 아쉽다고 해서 결과를 돌이킬 수도 없다. 시간과 함께 흘러갔으니까. 그러니 아쉽더라도 다음 성장을 위해 부족함을 기억하고 있으면 된다. 아쉬움에 매몰돼 괴로워할 바에야 그 시간을 성장의 발판으로 삼는 게 낫다.

책을 쓸 때도, 사진을 찍을 때도 매 순간 최선을 다했다. 100점이든 50점이든 치열한 과정의 결과라는 사실은 변하지 않는다.

순간에 충실했다면 그걸로 충분하다. 나는 이제 아쉬워하지 않아 보기로 한다.

덧붙이는 글

가끔 '나라면 더 잘했을 거야'라고 말하는 사람들을 만난다. 타인의 결과를 아주 간단히 폄훼하는 말이다. 신인작가의 글은 대문호의 그것에 비해 부족할 수 있고, 쿡방으로 유명한 크리에이터라고 해도 정통파 셰프의 시각에서는 아쉬울 수 있다. 그럴지도 모른다. 50점보다 70점을, 70점보다 90점을, 99점보다 100점을 더 중요하게 여기는 교육 환경에서 자라서일까. 우리는 노력을 인정하기보다 결과의 완벽함에 더 주목하는 경향이 있다.

노력한 이들이 폄훼당할 이유는 없다. 그들도 지금의 부족함을 안고 성장할 것이다. 영원한 '농구 황제' 마이클 조던에게도 절치부심하게 만든 경기가 있었다. 부족할지언정 목표를 세우고 완성해낸 사람은 박수받아 마땅하다.

자신감은 좋다. 하지만 남을 깎아먹는 자신감은 거부하고 싶다. 나도 그런 사람이 되지 않기 위해 경계한다. 이 또한 치기 어린 한때의 내 모습이기 때문이다.

딴짓, 내가 주도하는 성장

고3 때 130명이나 되는 사람들을 인터뷰하고 다닌 청년이 있다. 가수 인순이, 마술사 최현우, 전 야구선수 이승엽, 세계적인 투자자 짐 로저스, 이연복 셰프 등. 인터뷰이의 면면이 화려하다. 그와는 꽤 오래전부터 SNS 친구였다. 중학생 때부터 인터뷰를 하러 돌아다니는 모습이 심상치 않아 어떻게 성장하는지 지켜보고 있었다. 어느덧 그는 수험생이 됐고, 고된 수험생활에 방해가 될까 싶어 수능이 끝난 후 인터뷰를 요청했다.

나도 딴짓에는 일가견이 있다고 자부했는데 딴짓도 이런 딴짓쟁이가 없다. 김호이 군은 대다수의 수험생들과 다른 길을 택했다. 수능을 응시하기는 했지만 모든 열정은 인터뷰를 향해 있었다. 주위 사람들이 걱정하는 것도 당연했지만 그는 이렇게 말했다.

"다시 돌아오지 않을 10대를 수능만 바라보며 살고 싶지는 않았어요."

의무감은 종종 내면의 진짜 열정에 양보를 요구한다. 수능 레이스를 펼치는 고등학교 3년, 공무원 시험을 준비하겠다고 노량진을 찾는 많은 이들의 청춘, 이 시기의 뜨거운 열정이 당면과제 앞에 숨을 죽인다. 결혼과 육아는 어떤가. 새로운 행복을 안겨주는 동시에 개인의 즐거움과 꿈을 미루게 만드는 계기가 되곤 하지 않나. 이들의 삶은 잘못되지 않았다. 누구에게든 욕망보다 책임을 우선해야 할 때가 찾아오며, 잠시 욕망을 억눌렀을 때 더 큰 보상이 따르는 경우도 분명 존재하니까.

내일 지구가 멸망하더라도 오늘 당장 인터뷰를 할 것만 같은 이 친구의 열정에 깊은 인상을 받았다. 세상에는 멋진 사람들이 참 많아서 그들을 만날 때마다 다시 나를 돌아보게 된다.

'이렇게 살아가는 이유는 뭘까?'

어쩌다 보니 기자 출신 PD가 되었다. 회사 일을 하지 않는 시간에는 글을 쓰는 작가로, 거리를 거닐며 사각 프레임 속에 순간을 담는 사진가로, 가끔은 한두 시간 동안 내 생각을 공유하는 강연가로 살아가고 있다. 사회생활을 갓 시작한 2012년의 나와 비교해보면 정말 많은 변화가 있었다.

누군가는 나를 'N잡러'라 부른다. 그저 좋아서 딴짓을 반복하다가 사이드 프로젝트로 이어가고 있으니 맞는 말일지도 모르겠다. 누군가는 너무 치열하게 사는 것 아니냐고 걱정한다. 사실 직업 외의 '부캐'를 만드는 건 상당한 시간과 열정을 필요로 한다. 본캐와 부캐 사이를 왔다갔다 하다가 지쳐 나가떨어질 때도 있다. 그런데도 착실하게 딴짓을 이어나가는 이유는 크게 두 가지다.

첫 번째는 성장을 컨트롤하기 위해서다. 목표를 빠르게 달성하고 싶어 조바심 내는 사람들이 많다. 기왕 노력했으니 '대박'을 원하는 게 어쩔 수 없는 본능처럼 느껴지기도 한다. 하지만 내 생각은 조금 다르다. 하고 싶은 게 있어서 딴짓을 반복하다 보면 2년 뒤, 3년 뒤 나를 돌아봤을 때 분명히 이전보다 훨씬 위로 올라와 있는 나를 발견하게 된다. 산을 오른다고 생각하면 정상을 향해 가고 있다는 게 느껴진다.

누군가는 더디다고 할지 모르지만 내 방식대로 확실하게 성장할 수 있다는 게 딴짓의 장점이다. 성장 혹은 성공의 속도가 빠르기를 바라는 사람들은 사업에 도전하는 게 맞는 방향일지도 모른다. 하지만 모두가 사업을 할 수는 없고, 우리가 하고 싶은 게 있는데 소속된 조직에서 활로가 보이지 않는다면 딴짓을 해보자. 딴짓의 반복과 그 안에서 느끼는 성장의 반복이 느리지만 당신을 자라게 해줄 것이다.

두 번째는 부캐로 일터 밖에서 인정받을 수 있고 본캐도 함께 돌보기 위함이다. 직장인이라면 '인사고과'라는 피할 수 없는 관문을 지나야 한다. 내 생각에는 열심히 일했고 나름은 잘한 것 같은데 결과가 기대에 못 미칠 때가 있다. 일의 의미를 중요하게 여기는 사람일수록 이럴 때 '뭐하러 그렇게 열심히 했지?' 하면서 스트레스를 느끼기 쉽다. 직원을 평가하는 기준은 조직에 따라 천차만별이다. 훌륭하지 않은 회사라면 결정권자 입맛에 따라 좌지우지될 수도 있고, 심하게는 정치가 개입하기도 한다. 딴짓은 남에게 평가받는 성장법에서 한발 자유로워지는 방법이다.

회사원들은 농담 반 진담 반으로 '가슴 속에 사직서 하나쯤은 품고 일한다'고 말한다. 그만큼 조직생활은 만만치 않다. 이때 하고 싶은 일을 하면 정신적인 피로를 풀고 자존감을 회복하며 일을 이어나갈 동력을 얻을 수 있다. 세바시 강연자이자 정신과 전문의 문요한 선생님은 최근 저서에서 '오티움'이라는 개념을 전했다. 결과를 떠나 활동하는 것 자체로 삶에 기쁨과 활력을 주는 '능동적 여가 활동'을 말한다.

내가 하고 싶은 것을 하는 것이 진짜 휴식이다. 작년에도 바쁜 와중에 중·고등학생, 대학생들을 만났다. 최근에는 가뜩이나 좁아진 채용 문턱에서 도전과 좌절을 반복하는 언론사 취업준비생들을 클럽하우스에서 만나 고민을 듣고 부족하지만 내가 해줄 수 있는 이야기를 나눴다. 일부는 늦은 밤까지 인스타그램 DM으로 더 깊은 이야기를 공유했다. 작은 고민을 해결해줄 수 있을 때면 괜스레 기분이 좋아지기도 한다. 이처럼 딴짓은 지친 몸과 마음을 리프레시하고 일상을 이어나갈 힘을 선물하는 여행과도 같다.

밀레니얼 세대의 여러 특징 가운데 '다중 정체성multi-persona'이라는 개념이 있다. 단순히 직업으로 정의되기보다 내가 하고 싶은 일에 집중하며 '나다움'을 찾아가는 성향을 말한다. 딴짓은 나다움을 찾기 위해 꼭 필요한 자기탐색의 시간이다.

나 또한 딴짓에 몰두한 지난 시간은 새로운 정체성을 만들고 다져가는 과정이었다. 직업으로만 규정될 뻔했던 내 삶은 입체적으로 변했다. 이쯤 되니 딴짓도 제법 쓸모 있는 일이다.

•

"가장 두렵고 어려운 걸 내 편으로 만드는 데 시간을 써보세요"

김서희(대기업 인사교육팀)

저는 늘 바빴습니다. 겁이 많아서일 거예요. 닥터 스트레인지도 아닌데 미래에 있을 수 있는 모든 가짓수를 떠올려 다가올 최악의 상황을 지워가기 위한 선택을 해왔습니다. 나이차 많이 나는 동생 둘을 둔 장녀로서, 맞벌이하는 부모님을 대신해서, 어려운 가정형편에 금전적 보탬이 되기 위해서, 성인으로서의 내 삶을 준비하기 위해서, 해야만 할 것들을 부지런히 해나가는 수밖에 없었고, 거기에는 어떤 선택지나 고민거리가 없었습니다.

매사에 계획을 세우고 그 계획이 틀어지면 큰일이라도 나는 것처럼 아등바등 살았어요. 그리고 다행히 그런 성격은 무난한 사회인으로의 삶을 살아가는 데 유리한 조건이 되었습니다. 대학 입학, 졸업, 취직, 결혼 등 인생의 크나큰 사건들을 도장깨기 하듯 성공적으로 완수해왔죠.

솔직히 고백하자면, 명확한 목표점을 갖고 살아오지는 않았습니다. 당장 해야 할 것들을 처리하는 데 급급했고, 다른 생각은 사치였으니까요. 하지만 그래서 내 삶이 잘못된 길로 갔느냐 하면, 그건 아니에요. 치열하게 살아왔던 모든 순간은 의도치 않게 다음 길로 나를 인도했고, 나의 삶은 제법 예쁜 모습으로 빛나기 시작했으니까요. 그 모습이 저는 썩 마음에 들어요.

'당장 무엇을 해야 좋을지 알 수 없다'는 말을 들을 때면 한편으로는 부럽게 느껴지곤 했습니다. 물론 그 답답한 마음도 왠지 알 것 같았죠. 그래서 이렇게 답을 하곤 했습니다. 미래를 생각할 때 가장 두려워하는 것이 무엇인지 떠올려보고, 그 두려운 상황을 극복하기 위해 가장 필요하면서 가장 어려운 것이 무엇인지 생각해보라고. 그리고 그것을 내게 유리한 쪽으로 만드는 데 시간을 써보라고.

어쩌면 그것이 당신을 다음 스텝으로 인도해주는 열쇠가 될지도 모르니까요.

함께 행복의 파이프라인을 찾아볼까요?

사막을 횡단하는 내 모습을 상상해본다. 사진을 좋아라 하는 내게 사막은 언젠가 한 번은 가보고 싶은 매력적인 촬영지다. 하지만 저 건조한 고비 사막(어떻게 이름도 '고비'일 수 있을까)이나 드넓은 사하라를 건널 날이 올지는 잘 모르겠다. 이따금 우리 인생이 사막을 건너는 만큼 쉽지 않을 때가 있으니까. 그래도 상상은 자유니까 눈을 살며시 감아본다.

낙타를 탈까 하다가 튼튼한 지프를 대여한다. 1종보통 운전면허를 따두길 잘했지. 트렁크와 뒷자리에 물과 식량을 가득 채운다. 모래바람 속에서 잠을 청하려면 두툼한 침낭도 필요할 것이다. 아참, 차량용 기름을 빼먹으면 안 되지. 준비물 체크리스트를 빠짐없이 체크하고 모래를 가르며 출발한 지 꽤 시간이 흘렀을 때쯤, 도대체 오아시스는 얼마나 더 가야 나오는 걸까?

사막은 오아시스를 품고 있어서 아름답다고들 말한다. 아름답지만 잔인한 이 메마른 땅을 지나기 위해 물과 그늘이 있는 오아시스를 찾는 일만큼 중요한 것도 없다. 인류 최초로 남극점을 밟은 아문센에게, 에베레스트를 오르는 엄홍길 대장에게 베이스캠프가 없었다면 위대한 여정은 마침표를 찍지 못했을지 모른다. 우리가 지나야 할 거리가 길수록, 고될수록, 모험이나 장기전을 준비해야 할수록 적재적소에 중간 기점을 선정해야 한다.

우리의 일도 마찬가지 아닐까. 사람이 태어나서 죽을 때까지 도대체 몇 시간을 일해야 할까? 감히 상상하기 어렵고 그다지 계산하고 싶지도 않다. 그래도 확실한 건 '일'과 '업'은 앞선 모험들 만만찮게 고된 장기전이라는 사실이다.

"어느 계절을 좋아하세요?"

나는 '환절기'라고 말한다. 1년 중 환절기는 아주 짧지만 우리를 변화로 이끄는 중요한 시기다. 불어오는 바람결이 달라지고, 거리의 풍경이 바뀐다. 답답한 열대야에서 벗어나게 해주고, 얼어붙은 세상을 따뜻하게 녹인다. 짧은 시간이지만 변화를 기대하게 만드는 중요한 기간이다.

오아시스와 베이스캠프 그리고 환절기처럼 우리에게도 '내일'을 지속가능하게 하는, 변화를 기대하게 하는 기점이 필요하다. 내게 딴짓은 나다움을 찾기 위해 꼭 필요한 자기탐색의 시간이다. 딴짓에 몰두한 지난 시간은 사회가 규정한 '직업인'으로서 정체성을 넘어 세상에 실재하는 '나'를 발견하고 정의할 수 있게 해주었다.

기자, PD라는 두 글자만으로 규정될 뻔했던 내 삶은 '사진가', '저자', '강연자'라는 캐릭터가 추가되며 입체적으로 변했다. 직장인의 영원한 적, 번아웃이 드리워도 이제는 겨뤄볼 만하다. 카메라를 들고 사진 촬영에 몰입하고, 커뮤니티에서 나와 생각이 비슷한 분들을 만나며, '꿈'을 고민하는 청소년, 대학생들과 정신없이 이야기하다 보면 회사에서 쌓인 스트레스는 어느새 사라지고 없다. 직업을 이어가게 돕는 힘이 되고, 직장 밖에서 나의 여러 페르소나를 인정해준다.

딴짓은 변화와 성장의 기점이기도 하지만 나를 사랑하는 길이기도 하다. 내가 결정할 수 있는 것들로 시간을 채우는 행위는 회사와 가정, 일상에 치여 자칫 무너지기 쉬운 삶의 밸런스를 맞추는 문제해결의 열쇠가 된다. 회사와 일이 중요한 만큼 '나를 잃지 않는 것'이 중요해졌다. 부디 자신만의 생산적 딴짓 하나를 찾기를 바란다. 그게 무엇이든 당신의 마음 깊은 곳에서부터 우러나온 딴짓은 행복의 파이프라인이 될 테니까. 그러니 욕심은 뜨겁게, 가슴속에 담아두고 작은 용기를 내보자.

이제 우리도 아름드리 나무로 자라날 때가 됐다.

sauce
as a
source

하우 투 딴짓
욕심은 많지만 용기는 부족한 사람들을 위한 성장법

2021년 7월 19일 초판1쇄 발행

지은이 조재형
펴낸이 권정희
편집팀 이은규
콘텐츠사업부 박선영
펴낸곳 ㈜북스톤
주소 서울특별시 성동구 연무장7길 11, 8층
대표전화 02-6463-7000
팩스 02-6499-1706
이메일 info@book-stone.co.kr
출판등록 2015년 1월 2일 제2018-000078호

'쏘스'는 콘텐츠의 맛을 돋우는 소스(sauce), 내 일에 필요한 실용적 소스(source)를 전하는 시리즈입니다. 콕 소스를 찍어먹듯, 사부작 소스를 모으듯 부담 없이 해볼 수 있는 실천 가이드를 담았습니다. 작은 소스에서 전혀 다른 결과물이 나오듯, 쏘스로 조금씩 달라지는 당신을 응원합니다.

북스톤은 세상에 오래 남는 책을 만들고자 합니다. 이에 동참을 원하는 독자 여러분의 아이디어와 원고를 기다리고 있습니다. 책으로 엮기를 원하는 기획이나 원고가 있으신 분은 연락처와 함께 이메일 info@book-stone.co.kr로 보내주세요. 돌에 새기듯, 오래 남는 지혜를 전하는 데 힘쓰겠습니다.